はじめに

真っ白なパネルボードにかわいいうさぎやくまが登場、それだけで子どもたちは大喜び。いっしょにうたって手をたたき、目を輝かせます。パネルシアターの魅力はなんてすごいのだろうと、演じるたびにいつも思わされます。

パネルシアターの創案者・古宇田亮順先生に出会ってパネルシアターを知り、それからは幼稚園教諭を勤めるかたわら、数多くの作品を作ってきました。はじめて見たときはそのおもしろさと不思議さのとりこになり、自分で作りはじめると絵人形の色塗りや切り抜き作業が手軽で楽しく、演じると大喜びしてくれる子どもたちにまた次の作品づくりへの意欲がかきたてられ……パネルシアターはまるで魔法のようにぐいぐいみんなをひきつけていきます。

この本ではだれもがよく知っている曲を、四季に合わせて2曲ずつ、季節にとらわれない曲を6曲、合計14曲選び、それにもとづいた楽しい作品をご紹介しています。日常の保育の中で、ちょっとした集まりに、誕生日会などに手軽に演じられるように工夫してあります。パネルシアターとともに、大いに楽しいひとときを子どもたちと過ごしてください。この作品が保育に、あなた自身の活動に生かされ、子どもたちのいきいきとした笑顔を育んでくれることを願っています。

月下 和恵

株式会社
メイト

うたって演じて！

パネルシアター

もくじ

CONTENTS

パネルシアターとは……

不織布（Ｐペーパー）に描いた絵（絵人形）をパネルステージ（スチロールボードなどにパネル布をぴんと貼ったもの）に貼ったりはがしたりして、歌やお話を演じるのがパネルシアターです。パネルシアターは、東京の寺院で住職をされ、大学の講師もされている古宇田亮順先生が考案・命名されたものです。

パネルシアターの特徴は、舞台に簡単に絵が貼りつくことです。これは舞台のパネル布（ネル）とＰペーパー（不織布）のけばだちが互いの摩擦でふんわりとくっつくという性質を利用しています。また演じ方では人形劇などと違い、演じ手が前面に出て子どもたちの反応をじかに感じ、見ることができるのも大きな特徴です。絵人形も平面に色を塗るだけ、舞台もパネル布１枚でもすぐにできます。そして思いがけない動き（しかけ）により、あっと驚く場面転換が可能です。それらが一体となってパネルシアターの魅力をつくり出しているのだと思います。

及川 眼子／作詞　松本 俊明／作曲

1 ハロー・マイフレンズ

千金 美穂／絵

ハロー！　みんな元気？　お友だちになろうね！　と、みんなに呼びかける歌です。昨日まで知らなかった君と、今日は友だち！　ステキですね。そんなわくわくした気持ちを込めてうたいましょう。入園式や始業式、クラスや学年を超えてみんなで集まるときなどに、いっしょにうたうとより雰囲気が盛り上がります。

（型紙65ページ～／楽譜106ページ）

しかけ

ネルの裏打ち／ポケット／貼り合わせ／糸止め

絵人形

22体

1

ポカポカと、日差しも暖かくなって、すっかり春だね。
となりの人とお友だちになったかな？
じゃあ、歌をうたって、たくさんお友だちをつくろうね。

♪あおいそらに
ぽっかりしろいくも

★［雲1・2］を出す。

2

♪それだけでほら
ステキなきぶん

★［花1・2］を出す。

♪はなはさいて
かぜはやさしいね

★［ちょう1・2］を出す。

♪ちきゅうはぼくらの
たからもの

3 ハロー　マイワールド

♪ハロー　マイフレンズ

★「男の子」を出す。

♪ハロー　マイワールド

★「女の子」を出す

♪きょうはしらない
キミとボクも

4 きっと　ともだちさ

♪ハロー　マイフレンズ

★「男の子」「女の子」を裏返して笑顔にしながら近づける。

♪ハロー　マイワールド
あしたはきっと　ともだちさ

♪ラララ
～間奏～

★「ハロー～ともだちさ」までをハミングする。

★間奏の間に、全部はずす。

5

♪うみのむこう
ことばは
ちがっても

★「気球」に「アメリカの女の子」「コアラ」を乗せて出す。

♪おんなじじかんをすごしているよ

★「船」に「アフリカの男の子」「パンダ」を乗せて出す。

6 おくりもの

♪こころはかみさまの　おくりもの

♪ひとりぼっちじゃ
そうさ　かなしいね

★「うさぎ」を出す。

★「コアラ」「パンダ」を降ろし、「うさぎ」の両脇に出す。

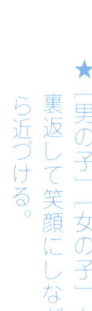

7 ハロー　マイフレンズ

♪ハロー　マイフレンズ
ハロー　マイワールド

★［パンダ］［コアラ］に［花束1・2］を持たせる。

♪きょうはしらない
キミとボクも

8 ハロー　マイワールド

♪ハロー　マイフレンズ
ハロー　マイワールド

★［うさぎ］に［花束1・2］を差し出し、［うさぎ］を裏返して笑顔にする。

★［うさぎ］の両手をあげる。

♪あしたはきっと
ともだちさ

9 ラララ♫

～間奏～

♪ラララ

★間奏の間に、［アメリカの女の子］［アフリカの男の子］を降ろし、両脇に置く。

★［花束1・2］［気球］［船］をはずす。

だいじな ともだち

10

♪もりもかわも
とりもたいようも

★［森］［川］［鳥1・2］［太陽］を出す。

♪みんなみんな
だいじなともだち

★［うさぎ］［パンダ］［コアラ］を両端に移動する。

きみと ぼくも

11

♪ハロー マイフレンズ
ハロー マイワールド

★中央に［男の子］［女の子］を出す。

♪きょうはしらない
キミとボクも
ハロー マイフレンズ
ハロー マイワールド
あしたはきっと ともだちさ

ね！

12

♪ね！

★「ね！」を強調しながら、［太陽］を裏返す。

おしまい

馬場 祥弘／作詞　アメリカ曲

2 森のくまさん

毛利 洋子／絵

森にやってきた女の子と、くまさんのゆかいな歌です。子どもたちとかけ合いでうたっても楽しいですね。入園したてのころや春の遠足の前などに活用するのもいいと思います。女の子がくまさんに出会ってびっくりして逃げ出す場面や、バラの茂みから心配そうに顔をのぞかせる動物たちをオーバーに表現してみましょう。

（型紙69ページ～／楽譜106ページ）

しかけ
貼り合わせ／スライド／切り抜き／ネルの裏打ち／ポケット

絵人形
23体

1

今日はとってもいいお天気。
ここは、森の中です。
★［森］を出す。
ある日、女の子が森にやってきました。
★［女の子］を出す。

♪あるひ　もりのなか

もりのなーか

2

くまさんに　であった

♪くまさんに
★［女の子］を少し歩かせる。
♪であった
★［くま］を出す。

♪はなさく　もりのみち
★［バラ1・2］を出す。
（［動物たち］を隠しておく）
♪くまさんに　であった
★［茂み1・2］を出す。

3

♪くまさんの　いうことにゃ
おじょうさん　おにげなさい

★「女の子」を裏返して、左端のほうへ逃げてゆくように動かす。

♪スタコラ　サッサッサッのサ
スタコラ　サッサッサッのサ

4

♪ところが　くまさんが
あとから　ついてくる

★「くま」を持って、「女の子」のあとを追いかけるように動かす。

♪トコトコトコトコと
トコトコトコトコと

★「バラ1・2」のポケットから「心配顔の動物たち」を引き出す。

5

♪おじょうさん
おまちなさい
ちょっと　おとしもの

★「くま」の手に「貝殻のイヤリング」を乗せる。

♪しろい
かいがらの
ちいさな
イヤリング

6

★「貝殻のイヤリング」を「女の子」の耳につけるような動作をしながら、「女の子」を表に戻す。（「貝殻のイヤリング」ははずす）

♪あら　くまさん
ありがとう

♪おれいに
うたい
ましょう

ラ〜ラ〜ラ〜

♪ ラララ　ララララララ

★［くま］を裏返し、［女の子］と［くま］の位置を入れ替える。

♪ ラララ　ララララララ

★［女の子の笑い顔］を重ねる。

しかけ

［女の子の笑い顔］にネルの裏打ちをしているので、貼り重ねることができます。

ラララ〜

♪ ラララ　ララララララ

★［心配顔の動物たち］の上に、［バラ1・2］から［笑顔の動物たち］を引き出し、重ねる。

しかけ

［バラ］の裏にはポケットをつけて、写真のように、心配顔の動物の上に笑顔の動物を重ねてしまっておきます。笑顔の動物の裏は、ネルで裏打ちをします。

よかったね

♪ ラララ　ララララララ

★［音符］をあちこちに散らばせる。

よかったね。

おしまい

関 和男／作詞　福田 和禾子／作曲

3 バナナのおやこ

わらべ きみか／絵

早口言葉が楽しいバナナの歌です。せっかく早口言葉を楽しむなら、バナナだけではなくいろいろな果物に替えてうたってみましょう！りんごのパパやレモンのママ、すいかも登場してわいわいにぎやか！するとあれあれ、今度は大きな波とともにだれかが泳いできます。だれかな？　と、子どもたちに呼びかけながら楽しくうたってみましょう。最後のあっと驚くしかけで、大いに盛り上がることでしょう。

（型紙71ページ～／楽譜106ページ）

しかけ
糸止め／切り抜き／貼り合わせ／ポケット／ネルの裏打ち／引っ張り

絵人形
26体

1

海の向こうに南の島がありました。島には、ほらっ！バナナの木。

★［南の島］を出す。

ほらっ！ バナナの木

風が吹くと、ユラユラ揺れます。

♪ちいさなちいさなみなみのしまに
きいろいバナナのおやこがほらね
かぜにゆられて　ゆーら ゆーら
バナナのおやこが　ゆーら ゆーら

★［糸止めのバナナ］を左右に動かす。

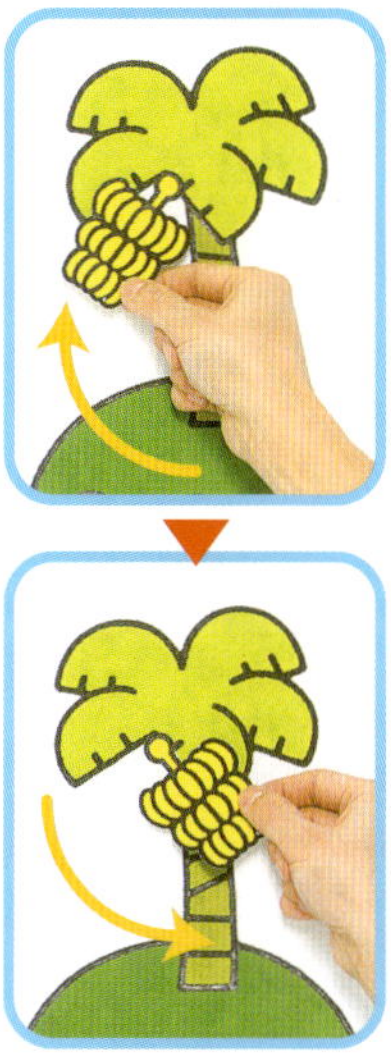

2

♪バナナのパパは
パパバナナ

★［パパバナナ（裏）］を出す。

♪バナナのママは
ママバナナ

★［ママバナナ（裏）］を出す。

♪バナナのこどもは
こバナナ

★［こバナナ（裏）］を出す。

こバナナ

3

♪ パパバナナ

★［パパバナナ］を裏返す。

♪ ママバナナ

★［ママバナナ］を裏返す。

♪ こバナナ

★［こバナナ］を裏返す。

4

じゃあ、今度はりんごでやってみよう。

♪ りんごのパパは
パパりんご

★［パパりんご（裏）］を出す。
以下、バナナ同様に、うたいながら順に出す。

ほかにも、いろいろな果物の名前に替えてうたってみよう！

★果物を全部はずす。

5

あれあれ、大きな波がやってきました。
どうしたのかな？

★［波］に隠した［パパくじら］［ママくじら］［こくじら］を順に出す。

♪ ちいさなちいさな
みなみのしまに
おおきい　くじらの
おやこが　ほらね

♪ なみにゆられて
ゆーら　ゆーら
くじらのおやこが
ゆーら　ゆーら

6

こくじら

★［南の島］をはずす。

♪くじらのパパは　パパくじら

★［パパくじらの波］をはずす。

♪くじらのママは　ママくじら

★［ママくじらの波］をはずす。

♪くじらのこどもは　こくじら

★［こくじら］を、［波］から顔をのぞかせる。

♪そんなくじら　ニコニコくじら
おおきなくじらの
おやこがほらね

♪なみにゆられて　ゆーら　ゆーら
くじらのおやこが
ゆーら　ゆーら

7

ママくじら

♪パパくじら

★［パパくじらの潮］をポケットから出す。（吹き出す）

♪ママくじら

★［ママくじらの潮］を吹き出す。

♪こくじら！

★［こくじらの目］を動かす。

しかけ

Pペーパーの裏に厚紙を貼る。（しっかりして動かしやすい）

ポケットに差し込む。
切り抜く。
裏にPペーパーを貼ってポケットを作る。
—— のりづけ位置

左右に動かすと目が動く。

8

ジャンプ！

♪ジャンプ！

★［こくじら］をパネルの上に引っ張る。（魚やたこがついてくる）

しかけ

［こくじらの波］

—— のりづけ位置
同じ形に切ったPペーパーを貼り合わせてポケットにする。
糸止めでつなぐ。

ポケットにしまっておく。
※［パパ・ママくじらの波］は、ネルの裏打ち。

おしまい

都築 益世／作詞　團 伊玖磨／作曲

4 お星さま

ブラックシアター

笹沼 香／絵

夜空にまたたく星は、そのまたたきで星同士のお話をしているんだね……。そんな星をブラックパネルシアターの世界で作ってみました。糸止めで星が動き、本当にピカリピカリと光っているようです。星からの電話は、うさぎやくまや男の子にかかってきます。どんなお話をしているんでしょうか。七夕やお泊り保育などに活用してください。

（型紙74ページ～／楽譜107ページ）

しかけ
糸止め／切り抜き／貼り合わせ

絵人形
10体

しかけ

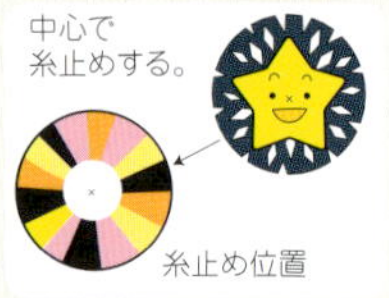
中心で
糸止めする。
糸止め位置

① 放射線状に色を塗った［星の光］と、まわりの黒地を切り抜いた［星］を糸止めします。

② 上の星1枚を左右に動かすと、星がまたたくように見えます。

1

夜、お空を見たことある？
晴れた夜は、お星さまがいっぱい。
ぴかり、ぴかりって光って、お星さま同士でお話してるみたいだね。

★［星1］を出す。

♪おほしさまぴかり

★［星1］をゆっくり手で星を動かして、キラキラさせる。

♪おはなししてる
ちいさなこえで

おほしさま
ぴかり

※通常の光の下では、下の写真のように見えます。色塗りの参考にしてください。

※印刷の都合上、実際の色とは異なる場合があります。

2

♪かわいいこえで
おはなししてる

★［星2］を出し、同様に動かす。

おはなししてる

3

～間奏～

★メロディーをハミングする。

★［星空］を出し、［星1・2］をはずす。

★［花畑1・2］を出す。

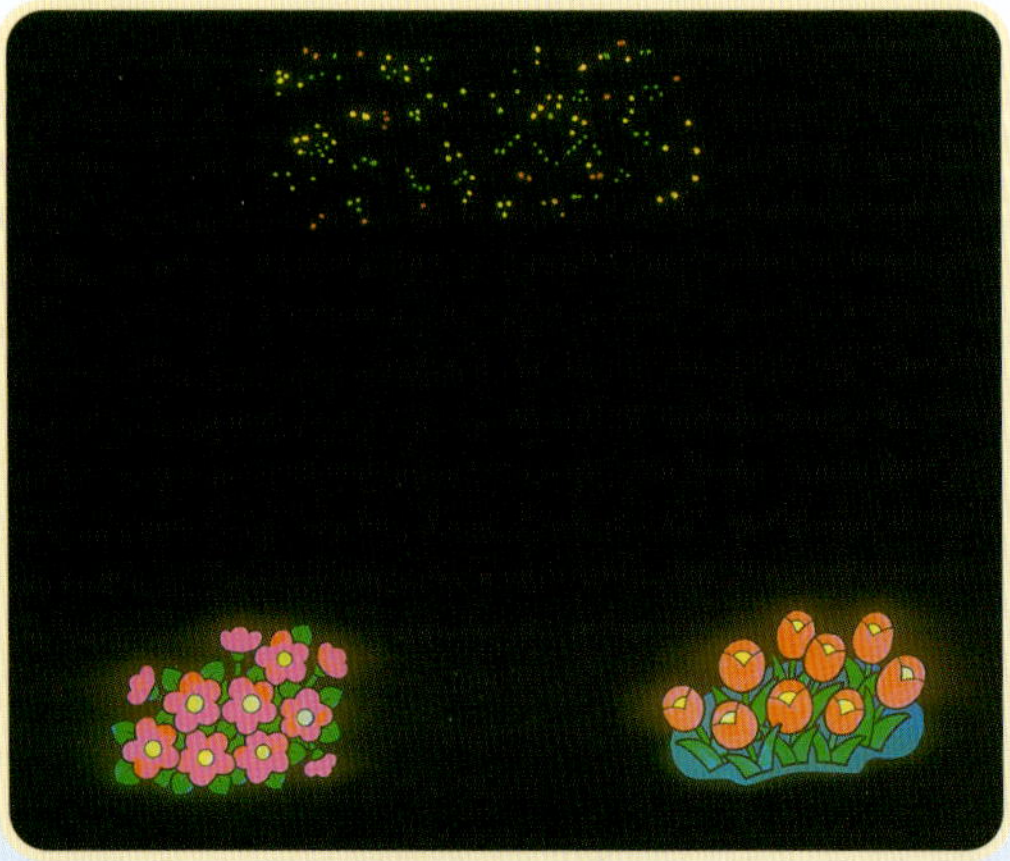

おでんわかけた

4

♪おほしさまぴかり
おでんわかけた

★「電話をする星」を出す。

♪あのこにこのこ
よいこはどのこ

★「うさぎ」「くま」「男の子」を出す。

5

♪おでんわかけた

★ゆっくり、「うさぎ」「くま」「男の子」を裏返す。

6

♪おやすみなさい

～後奏～

★メロディーをハミングする。

★「星空」を少しずつずらして、「星の音符」を出す。

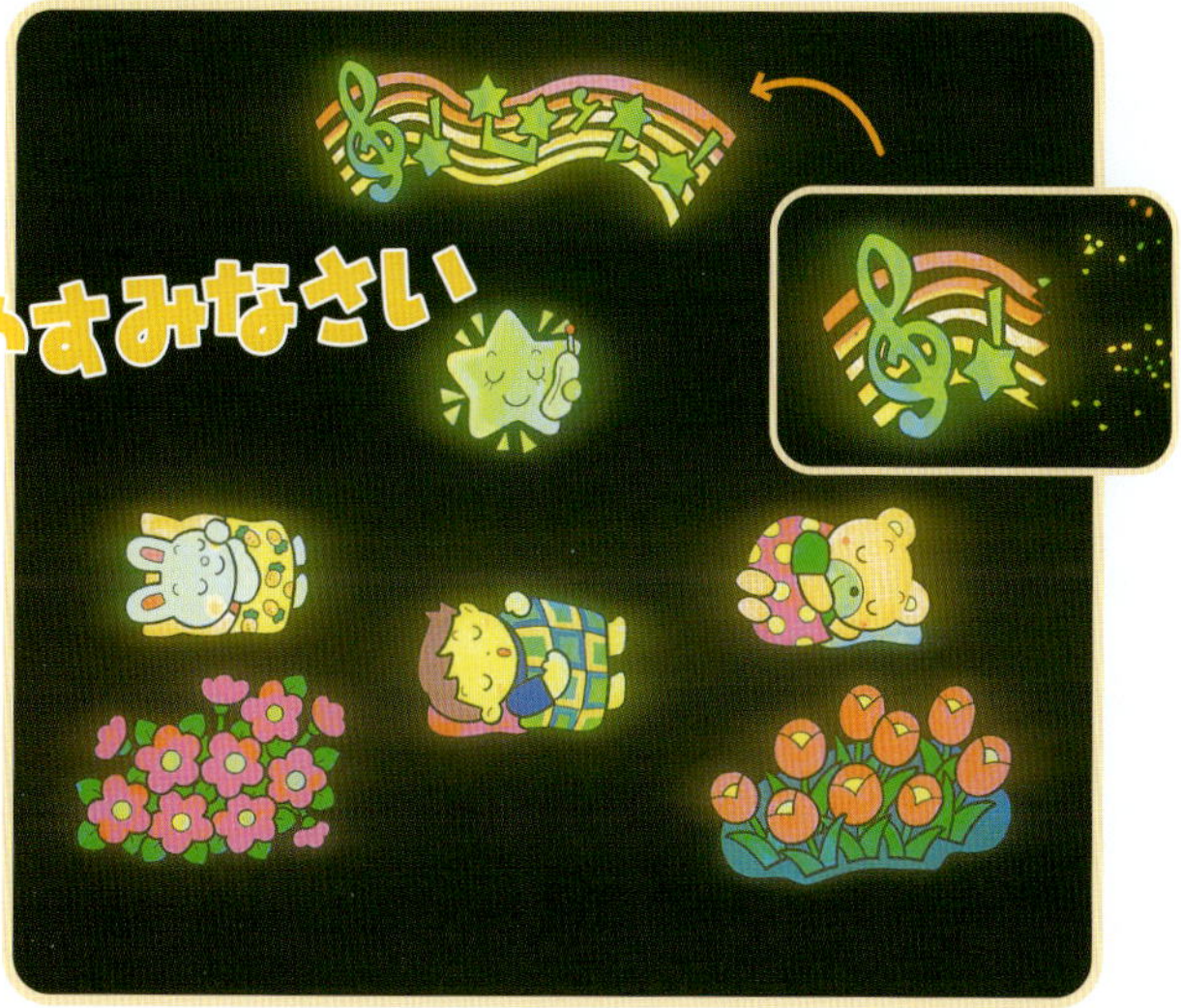
おやすみなさい

おしまい

ワンポイント

ブラックシアターのカラーチャート

★ブラックライトで照らすと、通常の光で見る色が変化して見えます。

色の変化の例です。

[ブラックライト]

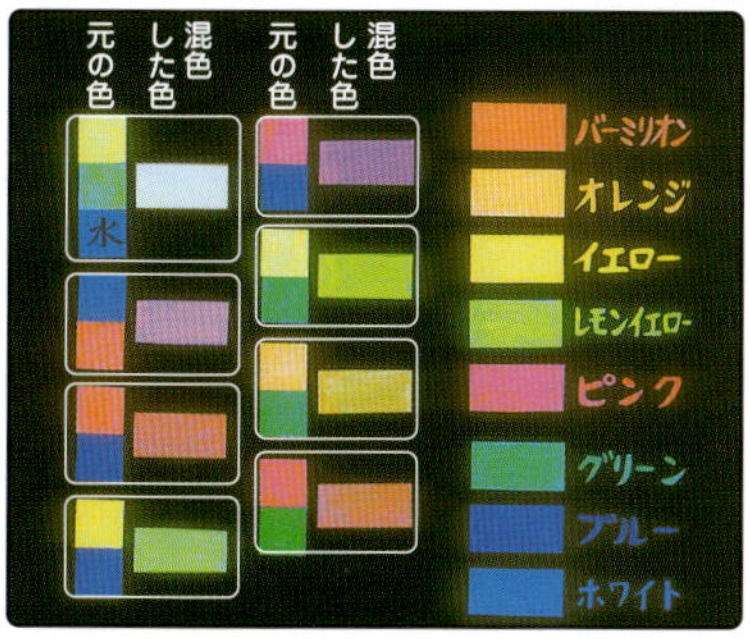
元の色
混色した色
元の色
混色した色
水
バーミリオン
オレンジ
イエロー
レモンイエロー
ピンク
グリーン
ブルー
ホワイト

基本的にブラックシアターでは、蛍光色しか使いません。
一番左列の2段を混色すると、左から2列目の色に仕上がるという見本です。
（例　ピンクと青を混ぜると、紫になる）

[通常の光]

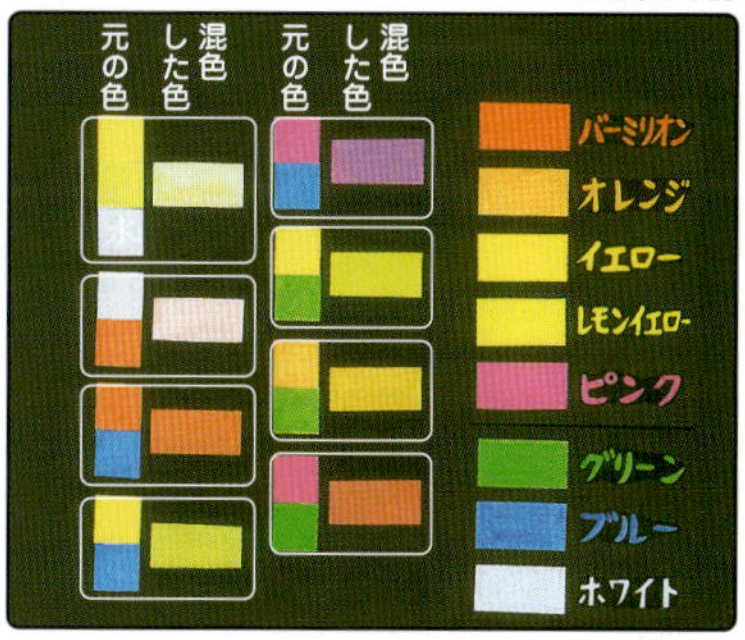
元の色
混色した色
元の色
混色した色
水
バーミリオン
オレンジ
イエロー
レモンイエロー
ピンク
グリーン
ブルー
ホワイト

＊ 白いPペーパーは、水色に光ります。白い絵の具を塗ると、黒く見えるので注意しましょう。（左列の「水」の字）

＊ 白く見せたいときは、薄いクリーム色に仕上げましょう。

＊印刷・写真の環境によって、実際の色とは異なっています。使用する絵の具の量やメーカーによっても差が出ます。あくまでも目安として、塗るときには、慣れるまではブラックライトでときどき照らして、感覚をつかむようにしましょう。

＊ブラックシアターの詳しい作り方は63ページをご覧ください。

文部省唱歌

5 虫のこえ

木曽 健司/絵

子どもたちは虫が大好き。ありやだんごむしなど、日常見かけられる虫にも大いに興味をもちます。秋にはきれいな音で鳴く虫がたくさんいます。どんな虫がどんなふうに鳴くのか、パネルシアターを見ながらうたうとより身近に感じられることでしょう。夕涼み会や9月のお誕生日会などで活用してもいいですね。

(型紙76ページ~/楽譜107ページ)

しかけ
スライド/貼り合わせ

絵人形
20体

1 何か聞こえてこない?

風も涼しくなって、秋になってきましたね。みんな、草むらで耳を澄ませたことある?

★「草むら1~5」を並べる。(「虫の音楽隊」をそれぞれ裏に隠しておく)

秋になってくると、草むらから、何か聞こえてこない?

★子どもたちに聞く。

2 チンチロリン

★子どもたちの答えを受けて。

そうだね。虫たちが鳴く、きれいな音が聞こえるね。じゃ、みんなも静かにして、聞こえるかどうか、耳を澄ませてみよう。

★「まつむし」を出す。

♪あれまつむしが
ないている
チンチロ　チンチロ
チンチロリン

3

♪あれすずむしも
なきだした
★「すずむし」を出す。

すずむしも
なきだした

♪リンリンリンリンリン
リイン　リン
あきのよながを　なきとおす
ああおもしろい　むしのこえ

4

♪キリキリキリキリ
こおろぎや
★「こおろぎ」を出す。

♪ガチャガチャガチャガチャ
くつわむし
★「くつわむし」を出す。

♪あとからうまおい　おいついて
チョンチョンチョンチョン
スイッチョン
★「うまおい」を出す。

♪あきのよながを　なきとおす
ああおもしろい　むしのこえ

ああ
おもしろい

5

★虫たちを全部はずす。
ほらほら、お月さまが上ってきました。
★「月」を出す。

夜になると、虫たちはもっともっとにぎやかにコンサートをはじめます。ほらっ！　みんな、耳を澄ませてみて！

♪チンチロチンチロ　チンチロリン
ガチャガチャガチャガチャガチャ
ガーチャガチャ
リンリンリンリンリン　リインリン

6

★虫の声のメロディーに合わせて、鳴き声だけでうたう。
★「草むら」を一つずつずらして、「虫の音楽隊」を見せる。

リィン　リン

スーイッチョン

7

♪キリキリ
キイリキリ
チンチロチンチロリン
チョンチョンチョンチョン
チョン
スーイッチョン

★ゆっくりと［草むら］をずらす。

あきのよながを

8

♪あきのよながを
なきとおす

★［音符］をあちこちに出す。

♪ああおもしろい

むしのこえ

9

♪むしのこえ

★［星］を手に持って、スライドする。

しかけ

スライド

① 星を重ねて、手のひらで押えるようにパネルに貼ります。

② 指先で絵人形を押さえながらパネルに強く押しつける感じでずらしていく。

③ 動作は、さっとおこなうようにするとうまくいきます。

♪ラララララ……

おしまい

★最後の部分（むしのこえ）を、ハミングでくり返す。

★［月］を裏返す。

山口 あかり／作詞　小林 亜星／作曲

6 にんげんっていいな

菊地 清美／絵

子どもたちが大好きな歌の一つです。かくれんぼをしたり、運動会をしている動物たちのほのぼのとした雰囲気が歌から伝わり、はやくほかほかごはんの待っているおうちに帰りたくなります。歌詞に合わせて、動物や“ぼく”はでんぐり返しができるようなしかけの作りになっています。でんぐり返しのユーモラスな動きを楽しみながら演じてください。

（型紙78ページ～／楽譜107ページ）

しかけ
糸止め／ガーゼ／ネルの裏打ち／ポケット貼り合わせ／引っ張り／窓開き／両面塗り

絵人形
21体

もぅーいいかい

1

いちょうも黄色くなって、秋ですね。

★［いちょうの木］を出す。
（［たぬき］と［きつね］を隠しておく）

「もぅーいいかい」
「まぁーだだよ」
あら？　だれか、かくれんぼしているのかな？
「もぅーいいかい」

★［草むら］を出す。
（［男の子］［うさぎ］を裏に隠しておく）

「もぅーいいよ」
やっぱりかくれんぼしてるんだ。

かくれんぼ

2

♪くまのこみていた
かくれんぼ

★［くま］を出す。

♪おしりをだしたこ
いっとうしょう

★［くま］を裏返して、おしりを見せる。

3

♪ ゆうやけこやけで

★「夕焼けの山」を出す。

♪ またあした

★「いちょうの木」から、「きつね」「たぬき」を出す。

♪ またあした

★「草むら」から「男の子」「うさぎ」を出す。

★「草むら」をはずす。

4

♪ いいないいな
にんげんっていいな

★「男の子」から順に、一列に並べる。

5

♪ おいしいおやつに

★「おやつ」を出す。

♪ ほかほかごはん

★「ごはん」を出す。

♪ こどものかえりを
まってるだろな

★「子どもを待つお母さん」を出す。

6

でん でん

♪ ぼくもかえろ
おうちへかえろ

★［おやつ］［ごはん］［子どもを待つお母さん］をはずす。

♪ でんでんでんぐりがえって

★［くま］をでんぐり返しさせる。

♪ バイバイバイ

★［くま］が元に戻ったら、間奏の間に［男の子］［うさぎ］［くま］［きつね］［たぬき］をはずす。

しかけ

窓開き（60・61ページ参照）

▶顔を前に倒す。
▼半回転させて裏返す。
▲体を前に倒す。

7

びりっこ げんきだ

♪ もぐらがみていた
うんどうかい

★［もぐら］を出す。

♪ びりっこげんきだ
いっとうしょう

★［走る男の子］［走るきつね］［ビリッ子のくま］［たぬき・うさぎ］を順に出す。

8

またあした

♪ ゆうやけこやけで
またあした

★［夕焼けの山］から［とんぼ］を引き出し、引っ張る。

♪ またあした

★［走る男の子］［走るきつね］［ビリッ子のくま］［たぬき・うさぎ］を順にはずす。

しかけ

［とんぼ］は［夕焼けの山］の裏側に作ったポケットにしまっておきます。

<裏>
Pペーパー
のりづけ位置
しまう
［とんぼ］は糸でつなぎます。

9

♪いいないいな
にんげんっていいな
★［男の子］［うさぎ］［くま］［きつね］［たぬき］を順に並べる。

♪みんなでなかよく
ポチャポチャおふろ
★［おふろ］を出す。

♪あったかいふとんで
ねむるんだろな
★［ふとんで眠る親子］を出す。

10

♪ぼくもかえろ
おうちへかえろ
★［おふろ］［ふとんで眠る親子］［とんぼ］をはずす。

♪でんでんでんぐりがえって
★［男の子］［うさぎ］をでんぐり返しさせる。
（顔を前に倒し裏返す）

♪でんでんでんぐりがえって
（3回ほどくり返す）
★この間に、［くま］［きつね］、［たぬき］をでんぐり返しさせる。

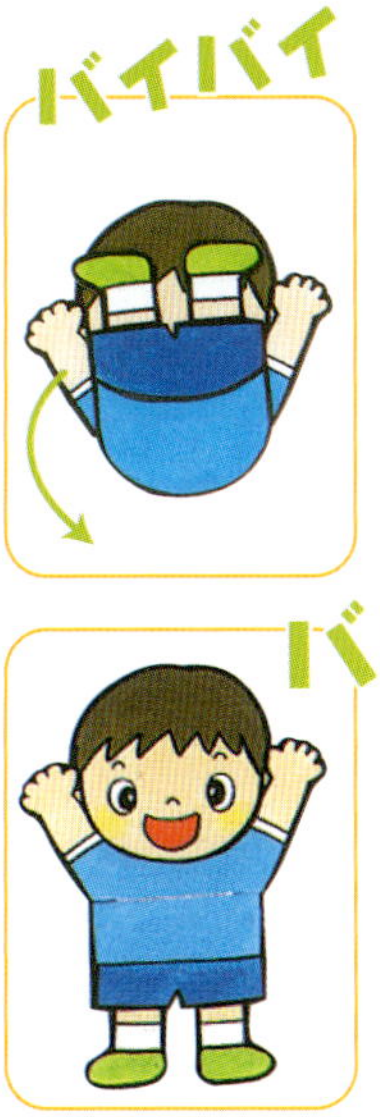
バイバイ
バイ

バイバイ　バイ

11

♪ バイバイバイ
（3回くり返す）
★ 3回くり返す間に、2つずつ全部元に戻す。
（体を下に倒す）

〜間奏〜
★ ラララや、フフフなどで、♪みんなでなかよく〜ねむるんだろな♪　のところをうたう。
★［男の子］［うさぎ］［くま］［きつね］［たぬき］をはずす。

♪ ぼくもかえろ
おうちへかえろ
★［動物たちと男の子が帰る姿］を出す。
★［からす］を出す。

ラララ〜

12

13

♪ でんでん
でんぐりがえって
バイバイバイ
★ ゆっくりと［影］を出す。

♪ バイバイバイ
★ 手を振りながら、ゆっくりうたう。

バイバイ
バイ

おしまい

難易度★★★

カンベ・タカオ／日本語詞　クーツ／作曲

7 サンタが町にやってくる

ブラックシアター

田中 四郎／絵

クリスマスといえば、ブラックパネルシアターが一番雰囲気が出ます。この歌はクリスマスになると必ずといっていいほどうたわれ、親しまれてきました。サンタクロースがプレゼントを持ってやってきてくれるというわくわく感が出るように構成してあります。クリスマス会などで演じるときは、最後の星のしかけを大切に演じてください。

（型紙82ページ～／楽譜108ページ）

しかけ
貼り合わせ／スライド／切り抜き／ネルの裏打ち

絵人形
26体

メリー　クリスマス

1

いよいよクリスマスが近づいてきました。
今年もサンタさんは、みんなのところに来てくれるかな？

★［家1・2・3］を並べて出す。

ほら！　耳を澄ませてみて！

★［木］を出す。

♪さあ　あなたから
メリー　クリスマス
わたしから
メリー　クリスマス
サンタクロース
イズ　カムイン
トゥ　タウン

※通常の光の下では、下の写真のように見えます。色塗りの参考にしてください。

※印刷の都合上、実際の色とは異なる場合があります。

きこえて　くるでしょ

2

♪ネ　きこえて
くるでしょう

★［女の子1］を出す。

♪すずのねが　すぐ　そこに

★［男の子と動物］を出す。

♪サンタクロース　イズ
カムイン　トゥ　タウン

★［音符］を出す。

3

♪まちきれないで
おやすみしたこに
きっと　すばらしい
プレゼントもって

★［家3の窓］を引き抜いて、中を見せる。

しかけ

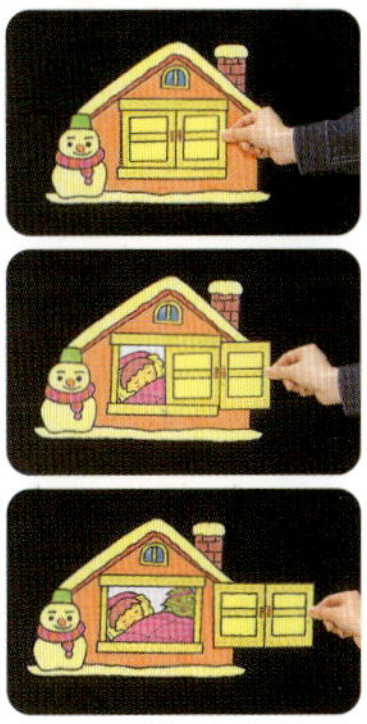

［家3］の窓には、窓枠を作って貼ってあります。そこに、窓をはさめるようになっています。窓枠は、窓の大きさよりも余裕をもって作る（のりしろを太く取りすぎない）と、抜き差しがしやすいでしょう。

♪さあ　あなたから
メリー　クリスマス

★［女の子1］を裏返す。

♪わたしから　メリー　クリスマス

★［男の子と動物］を裏返す。

★［音符］をはずす。

メリー　クリスマス

4

♪サンタクロース　イズ
カムイン　トゥ　タウン

～間奏～

★メロディーをハミングする。

★［そりに乗ったサンタクロース］を出す。

サンタクロース　イズ…

★［女の子1］と［男の子と動物］をはずす。

♪さあ　あなたから
メリー　クリスマス
わたしから
メリー　クリスマス

★サンタを少しずつ空を飛んでいるように左端まで動かして、はずす。

★残りの絵人形を、すべてはずす。

カムイン　トゥ　タウン

5

♪サンタクロース　イズ
カムイン　トゥ　タウン
クリスマス　イブを
ゆびおり
かぞえた　おさない
おもいでも
こよい　なつかし

★［クリスマスツリー］［女の子2］［男の子］［うさぎ・くま］を出す。

6

♪さあ　あなたから
メリー　クリスマス

★［サンタクロース］を出す。

メリー　クリスマス

7

♪わたしから
メリー　クリスマス

★「女の子2」から順番に「プレゼント」を持たせていく。

メリー
クリスマス

♪サンタクロース　イズ
カムイン　トゥ　タウン

8

★メロディーをハミングする。

★すべての絵人形をはずし、「街並み1・2・3」「星空」を出す。

しかけ

[星空] は、黒Pペーパーに、蛍光パネルカラーを濃い目にのせて作ります。大きな星は、黒Pペーパーでは色づけがむずかしいので、白Pペーパーに色づけしたものを切り取って貼っています。

9

♪さあ　あなたから
メリー　クリスマス
わたしから　メリー　クリスマス

★「近づくサンタクロース」を出し、「街並み1・2・3」に近づけていく。

サンタクロース
イズ

♪サンタクロース　イズ
カムイン　トゥ　タウン

10

ラララ…

♪ラララ……

★8のメロディーを「ラララ」でくり返す。

★「近づくサンタクロース」を「街並み1・2・3」のすぐ近くまで近づけたら、くるりと反転させ裏返す。

♪サンタクロース イズ カムイン トゥ タウン

★「街並み」から遠ざけるように動かす。

11

カムイン
トゥ タウン

♪サンタ クロース イズ カムイン トゥ タウン

★右端のほうへと走らせて、はずす。

12

サンタクロース
イズ…

♪サンタ クロース イズ カムイン トゥ タウン

★「ツリー」を隠した「星」を出す。

13

♪サンタ クロース イズ カムイン トゥ タウン

★黒Pペーパーを引き抜いて「ツリー」を出す。

しかけ

引き抜き

ツリーの飾りをカッターナイフで切り抜き、星に着色した後、全体を黒く塗りつぶす。

ツリーの飾りに合わせて、蛍光色を塗る。

貼り合わせる。

のりづけ位置
間に黒（または黒く塗りつぶした）Pペーパーをはさむ。端はギザギザに切る。黒Pペーパーを引き抜くと、ツリーが現れる。

おしまい

カムイン
トゥ タウン

村上 寿子／作詞　外国曲

8 雪のこぼうず

千金 美穂／絵

冬、空から舞い降りてくる雪は冷たいけれど、きれいでかわいい雪の小ぼうず。小ぼうずたちが降った後は一面の銀世界……そんな情景をパネルシアターにしました。雪の小ぼうずがさっと消えて、後に残る雪の結晶の美しさ。子どもたちから思わず歓声があがります。うたい終わりは静かに、余韻を残すようにしましょう。

（型紙87ページ～／楽譜108ページ）

しかけ
貼り合わせ

絵人形
17体

1

寒い冬になりました。
あっ、空から白いものが降ってきました。
何だと思う？
★子どもたちに問いかける。子どもたちの反応を受けて。
そう！　雪だね。
雪がたくさん降ってきたよ。
★「家」を出す。

雪だね

♪
ゆきのこぼうず
ゆきのこぼうず
やねに　おりた
つるりと　すべって
かぜにのって　きえた
★「雪のこぼうず（裏に「雪の結晶」を隠しておく）1・2・3」を出す。

2

いけに おりた

♪
ゆきのこぼうず
ゆきのこぼうず
いけに　おりた
★「池」を出す。

♪
するりと
もぐって
みんな　みんな
きえた
★「雪のこぼうず4・5」を出す。

3

くさに おりた

♪
ゆきのこぼうず
ゆきのこぼうず
くさに　おりた
★「野原」を出す。

4 みずになって きえた

♪じっと すわって
みずになって きえた
★「雪のこぼうず6・7」を出す。

5 ランランラン

♪ランランラン
ラララララ……
★メロディーをハミングしながら、「雪のこぼうず」をさっとすべらせるようにしながらはずしていく。
（雪の結晶が残る）

6 きれいな雪景色になったね

♪するりと もぐって
みんな みんな
きえた
★「家」「池」「野原」を裏返していく。

辺り一面、きれいな雪景色になったね。

おしまい

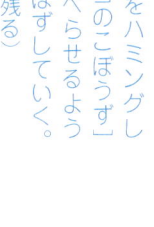

みやざき みえこ・黒田 亜樹／作詞・作曲

9 アップルパイひとつ

毛利 洋子／絵

歌詞を見ただけで、思わずにっこりしたくなってしまうかわいい歌です。少ないおやつをみんなで分けるようすがなんともほほえましく、また、お友だちへの思いやりを大切にしている歌です。１つしかないアップルパイやチョコレートを割って分けてしまえるところが、パネルシアターのおもしろいところ。お誕生日会でのおやつの前の時間などで演じてみるのもいいですね。

（型紙90ページ～／楽譜108ページ）

しかけ

糸止め／両面塗り／貼り合わせ／ポケット

絵人形

19体

1 3時だね。

あー、おなかがすいた。
今、何時？

★［時計］を出す。

あ、ちょうど3時だね。
3時と言えば、おやつが
食べたいね。

★［アップルパイ］を出す。

♪おやつの
じかんだよ
アップルパイ
がひとつ

2 はんぶんこ

♪ぼくたちみんなで
ふたり

★［男の子］［女の子］を出す。

♪まんなかから　はんぶんこ

★［アップルパイ］を2つに分ける。

仲よく半分ずつ
分けられたね。

★［アップルパイ］をはずす。

3 みんなで さんにん

♪おやつのじかんだよ
チョコレートがひとつ

★［チョコレート］を出す。

♪ぼくたちみんなで　さんにん

★真ん中を開けて、［ねこ］を出す。

4

♪やってみよう　さんとうぶん
3等分って、3つに分けるのよ。
できるかな？
★子どもたちの反応を見ながら、［チョコレート］を3つに割る。
えいっ、えいっ！　できた！

できた！

しかけ

［アップルパイ］［チョコレート］［クリームパン］は、絵人形をつないだときに、1つに見えるように色塗りをすることがポイントです。

各々、左側になる絵人形をポケットにし、右側の絵人形をはさみます。中の具などをきちんと描くと、驚きも大きくなります。

5

♪おやつのじかんだよ
クリームパンがふたつ
★［クリームパン1・2］を出す。
♪ぼくたちみんなで
よにん
★［うさぎ］を出す。

ぼくたち　みんなで　よにん

6

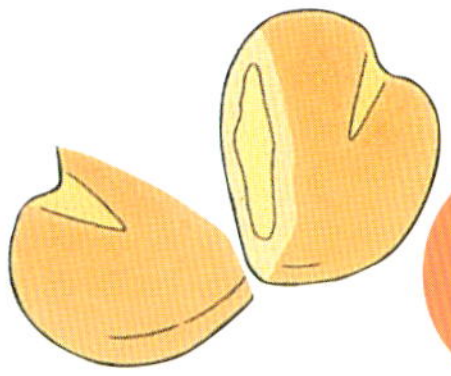

♪それぞれ　はんぶんこ
今度は、1つを2つに分けると、みんなで食べられるね。
じゃあ、クリームパンを半分こしよう。
★［クリームパン1・2］を2つに割る動作を2回くり返す。

みんなで　食べられるね

★［クリームパン1・2］をはずす。

むずかしいぞ ごとうぶん

7

♪おやつのじかんだよ
さくらんぼがみっつ

★［さくらんぼ1・2］を出す。

♪ぼくたちみんなで
ごにん
むずかしいぞ
ごとうぶん

★［こぶた］を出す。

どうやるの？

8

こぶた
「ありゃー、5等分って、5人で分けるんだよね。どうやるの？」

★［こぶた］の顔を動かす。

みんな
「できないよー」
「えーっ、どうしよぅ～」

★［うさぎ］［ねこ］の顔を動かす。

「ねぇねぇ、先生、どうしよう？」

★［女の子］の顔を動かす。

しかけ

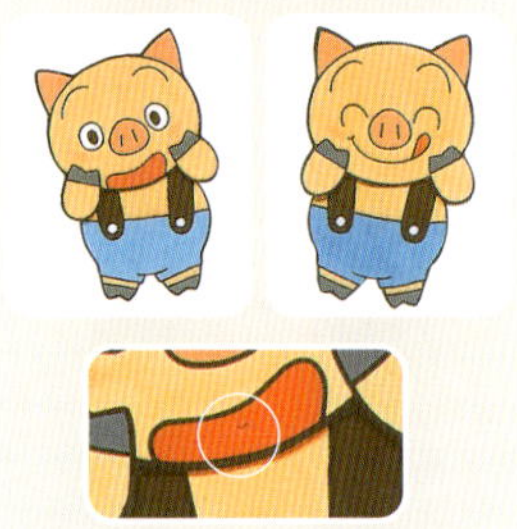

糸止め

［こぶた］などのキャラクターは、体は両面塗りにし、顔（頭の先だけ）を2枚貼り合わせ、首元を糸止めします。左右に首をかしげるように動かします。糸は目立たなくするため絵人形と同じ色で塗りましょう。

9

先生
「うーん。困ったな。このさくらんぼ、5人で分けるのってむずかしいね」

★困った顔で、子どもたちの反応を見る。

たくさん いただいているの

「そうだ！ 先生ね、さくらんぼ、たくさんいただいているの。ほーら」

★［かご］に入った［さくらんぼ］を見せ、パネルに貼る。

みんな
「わーい」

「たくさんあるね」

「かぞえてみよう。

ひとつ、ふたつ……15個だ！」
★［男の子］が［かご］から［さくらんぼ］を取り出すように動かしながらかぞえる。

先生
「じゃあ、みんなみっつずつよ」
みんな
「わーい」

わけられて、よかったね。
★［かご］をはずす。ほら、おやつはまだいっぱい。
★［さくらんぼ］を少し残して、あとははずす。

♪
おやつのじかんだよ
おなかがなってます
おしゃべりしながら　おやつ
★いろいろなおやつを出す。

♪
にこにこがおが　おいしいよ
★［うさぎ］から順に裏返す。
♪
にこにこがおが　おいしいよ
★顔を振って、にこにこ顔で喜んでいる雰囲気を盛り上げる。
いろいろなおやつ、楽しいね。

いただきまーす。

おしまい

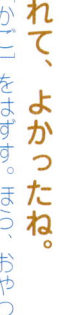

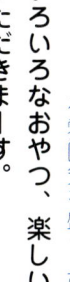

野坂 昭如／作詞　吉岡 治／補作詞　越部 信義／作曲

10 おもちゃのチャチャチャ

ブラックシアター

木曽 健司／絵

夜中……みんなが寝静まった後、動き出すおもちゃたち。だれでも知っている歌で、お母さんが子どものころからうたい継がれてきた歌です。おもちゃたちはこっそり起き出して思い思いにうたったり踊ったり……そう思っただけでなんだかうれしくなってしまいます。チャチャチャのリズムに合わせて、楽しくテンポよくうたいましょう。

（型紙92ページ～／楽譜109ページ）

しかけ
ネルの裏打ち／ポケット／引っ張り／貼り合わせ

絵人形
20体

※通常の光の下では、下の写真のように見えます。色塗りの参考にしてください。

※印刷の都合上、実際の色とは異なる場合があります。

1

夜です。
みんなが眠ったあと、おもちゃはどうしてると思う？

★［おもちゃ箱］を出す。
（［紙テープ］［車］［おもちゃの中箱］、その裏に、［男の子］をセットする）

実はね、みんなが寝ている間、おもちゃたちは起き出して、楽しくあそぶの。

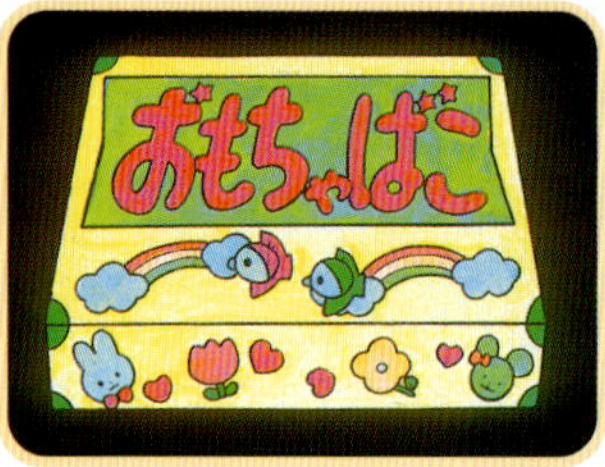

2

♪
おもちゃの
チャチャチャ
おもちゃの
チャチャチャ
チャチャチャ
おもちゃの
チャチャチャ

★［星の窓］を出す。

そらにきらきらおほしさま

♪
そらにきらきら
おほしさま
みんなすやすや
ねむるころ
おもちゃは
はこをとびだして

★［おもちゃ箱］（箱のふた）を取る。

3

♪おどるおもちゃの
チャチャチャチャ
★「紙テープ」を上にずらす。

♪おもちゃの
チャチャチャチャ
おもちゃの
チャチャチャチャ
★「車」を飛び出させる。

おどるおもちゃの

♪チャチャチャチャ　おもちゃの
チャチャチャチャ
★「紙テープ」をはずし、「車」を左下へずらす。

4

♪なまりのへいたい
トテチテタ
★「鉛の兵隊1・2・3」を出す。

♪ラッパならして
こんばんは
フランスにんぎょう
すてきでしょう
★「フランス人形」を出す。

♪はなのドレスで
チャチャチャチャ

フランスにんぎょうすてきでしょ

5

★「さる」を出す。表と裏を、サッと交互に裏返して、シンバルをたたいているように見せる。

おもちゃの
チャチャチャ

♪おもちゃの　チャチャチャチャ
おもちゃの　チャチャチャチャ
チャチャチャチャ
おもちゃの　チャチャチャチャ

しかけ

[プレゼントの箱]はポケットになっています。糸止めでつないだ[あひる]を一番大きな[あひる(親)]が上になるように重ねてポケットにしまいます。同じ向き(頭が上)に重ねるため、つなぐ糸の長さに気をつけます。糸止めは、[あひる]がきちんと重なるように長さを調節しながらおこないましょう。

6

～間奏～

★「プレゼントの箱」を出す。

★「あひる」を引っ張る。

（「あひるの子」がついてくる）

7

★「あひる」「プレゼントの箱」をはずす。

♪きょうはおもちゃの
おまつりだ

★「機関車」を出して、走らせるように動かし、左上に貼る。

♪みんなたのしく　うたいましょ

8

♪こひつじメェメェ

★「こひつじ」を出す。

♪こねこはニャー

★「こねこ」を出す。

♪こぶたブースカ

★「こぶた」を出す。

♪チャチャチャ

9

♪おもちゃの
チャチャチャ

★「おもちゃの」までうたって「チャチャチャ」で、タイミングよく［こぶた］の顔を裏返す。

♪おもちゃの
チャチャチャ
チャチャチャ
おもちゃの
チャチャチャ

チャチャチャ

しかけ

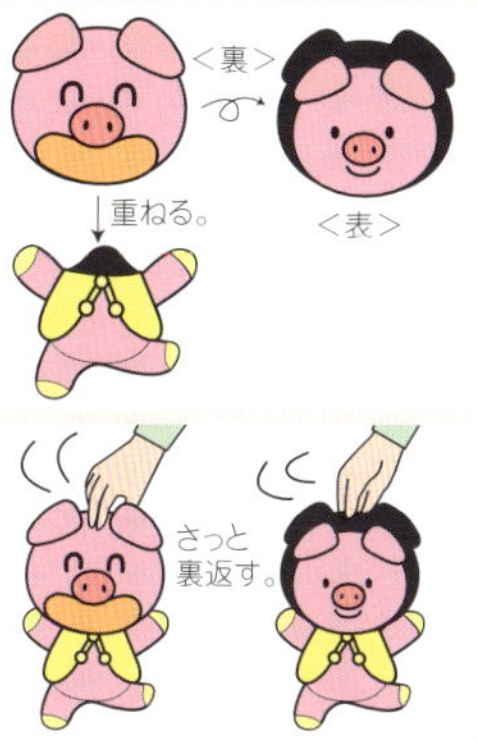
<裏>
<表>
重ねる。
さっと
裏返す。

［こぶた］の顔は、表裏貼り合わせになっています。輪郭は、大きい顔に合わせて切ります。

10

♪そらにさよなら
おほしさま

★［星の窓］を裏返して、［朝の窓］にする。

♪まどにおひさま　こんにちは

★［こぶた］以外のおもちゃをはずしていく。

♪おもちゃはかえる　おもちゃばこ
そしてねむるよ　チャチャチャ

11

♪おもちゃの
チャチャチャ
おもちゃの
チャチャチャ
チャチャチャ
おもちゃの
チャチャチャ

チャチャチャ
おもちゃの

★［こぶた］を［おもちゃの中箱］に入れ、顔を左右に振る。

12

♪おもちゃの
チャチャチャ
おもちゃの
チャチャチャ

★2度目のチャチャチャの最後に［おもちゃ箱］をかぶせる。（ふたをする）

おもちゃばこ
チャチャチャ

13

♪チャチャチャ
おもちゃの
チャ
チャ
チャー――

★［おもちゃ箱］をはずす。（［男の子］が現れる）

♪おはよう！

おしまい

おはよう！

五味 太郎／作詞　渋谷 毅／作曲

11 ぼくのミックスジュース

菊地 清美／絵

しかけ

（窓の）スライド／糸止め／貼り合わせ／ネルの裏打ち

絵人形

21体

ミックスジュースといっても、日常生活をミックスジュースにしてしまうという思いがけなくユーモラスで、子どもたちも大好きな歌です。テンポのよい歌に合わせて、さっと絵人形を出して場面を展開しましょう。“ぼく”がジュースを飲むときは、いっしょに飲むしぐさをしてうたいましょう。ミックスジュースを飲めば、“なんでもかんでもいい調子”。

（型紙95ページ～／楽譜110ページ）

1

先生はね、ミックスジュースが大好き。みんなは？

★子どもの反応を受けて。

そう、みんなも好き。でも、これはね、ふつうのミックスジュースじゃないの。どんなミックスジュースかっていうと……

★［ミックスジュース小］を出す。

どんなミックスジュースかっていうと……

2

～前奏～

♪ジャン　ラララーラ

ジャン　ラララーラ

ジャン　ラララーラ

★「ジャン」のところで、［ミックスジュース小］の上に、［中］→［大］と順に重ねて貼る。

♪ジャン　ジャン

3

★［ミックスジュース小・中・大］を一度にはずす。

♪おはようさんの
おおごえと

★［ぼく］［おはようさん］を出す。

♪キラキラの
おひさまと

★［おひさま］を出す。

♪それにゆうべの
こわいゆめ

★［怖い夢］を出す。

こわいゆめ

ミキサーにぶちこんで

4

♪**みんなミキサーに**
ぶちこんで

★［ミキサー］を出す。

★［ミキサーのふた］を取り、［おはようさん］［おひさま］［怖い夢］を手に取り、［ミキサー］に入れるしぐさをしてはずす。

★［ミキサーのふた］を閉める。

あさは

5

♪**あさは**

★［窓］を出す（朝の窓）。

ミックスジュース

6

♪**ミックスジュース**

★［ミックスジュース小］を出す。

♪**ミックスジュース**

★［ミックスジュース中］をその上に重ねる。

♪**ミックスジュース**

★［ミックスジュース大］を重ねる。

ググッと のみほせば

7

♪こいつをググッと
のみほせば

★「ぼく」の手を動かして、ミックスジュースを飲むようにする。

♪きょうはいいこと
あるかもね

★「ミックスジュース小・中・大」を一度にはずす。

けんかの べそっかき

8

♪ともだちなかよし
うたごえと

★「歌声」を出す。

♪スカッとはれた
おおぞらと

★「大空」を出す。

♪それにけんかの
べそっかき

★「けんか」を出す。

ミキサーにぶちこんで

9

♪みんなミキサーに
ぶちこんで

★「ミキサーのふた」を取り、「歌声」「大空」「けんか」を手に取り、「ミキサー」に入れるしぐさをしてはずす。

★「ミキサーのふた」を閉める。

♪ひるは
★［ガラス］をスライドして、［窓］を昼にする。

♪ミックスジュース
ミックスジュース
ミックスジュース
★［ミックスジュース］を［小］→［中］→［大］と、出して重ねる。

♪こいつをググッとのみほせば
★［ぼく］の手を動かして、ジュースを飲むようにする。

なんでもかんでも いいちょうし

♪なんでもかんでも
いいちょうし
★［ミックスジュース］を一度にはずす。
★［ぼく］の手を戻す。

あのね それでねの

♪あのね それでねの おはなしと
★［お話の絵］を出す。

♪ほんわかおふろの
いいきもちと
★［おふろ］を出す。

♪それにひざこぞうのすりきずを
★［すりきず］を出す。

♪みんなミキサーにぶちこんで
★［ミキサーのふた］を取り、［お話の絵］［おふろ］［すりきず］を手に取り、［ミキサー］に入れるしぐさをしてはずす。
★［ミキサーのふた］を閉める。

♪よるは
★［ガラス］をスライドして、［窓］を夜にする。

♪ミックスジュース
ミックスジュース
ミックスジュース
★［ミックスジュース］を［小］→［中］→［大］と、出して重ねる。

♪こいつをググッとのみほせば
★［ぼく］の手を動かして、ジュースを飲むようにする。

♪あとはぐっすり
★［ミックスジュース］を一度にはずす。
★［ぼく］の手を戻す。
★［ミキサー］をはずす。

ググッとのみほせば

ゆめのなか

13

★［ふとん］を出す。

♪ゆめのなか
～後奏～

★［ぼく］を［ふとん］に入れ、［かけぶとん］をかける。

★［眠った顔］を重ねる。

★［ジュースを飲む夢］を出す。

しかけ

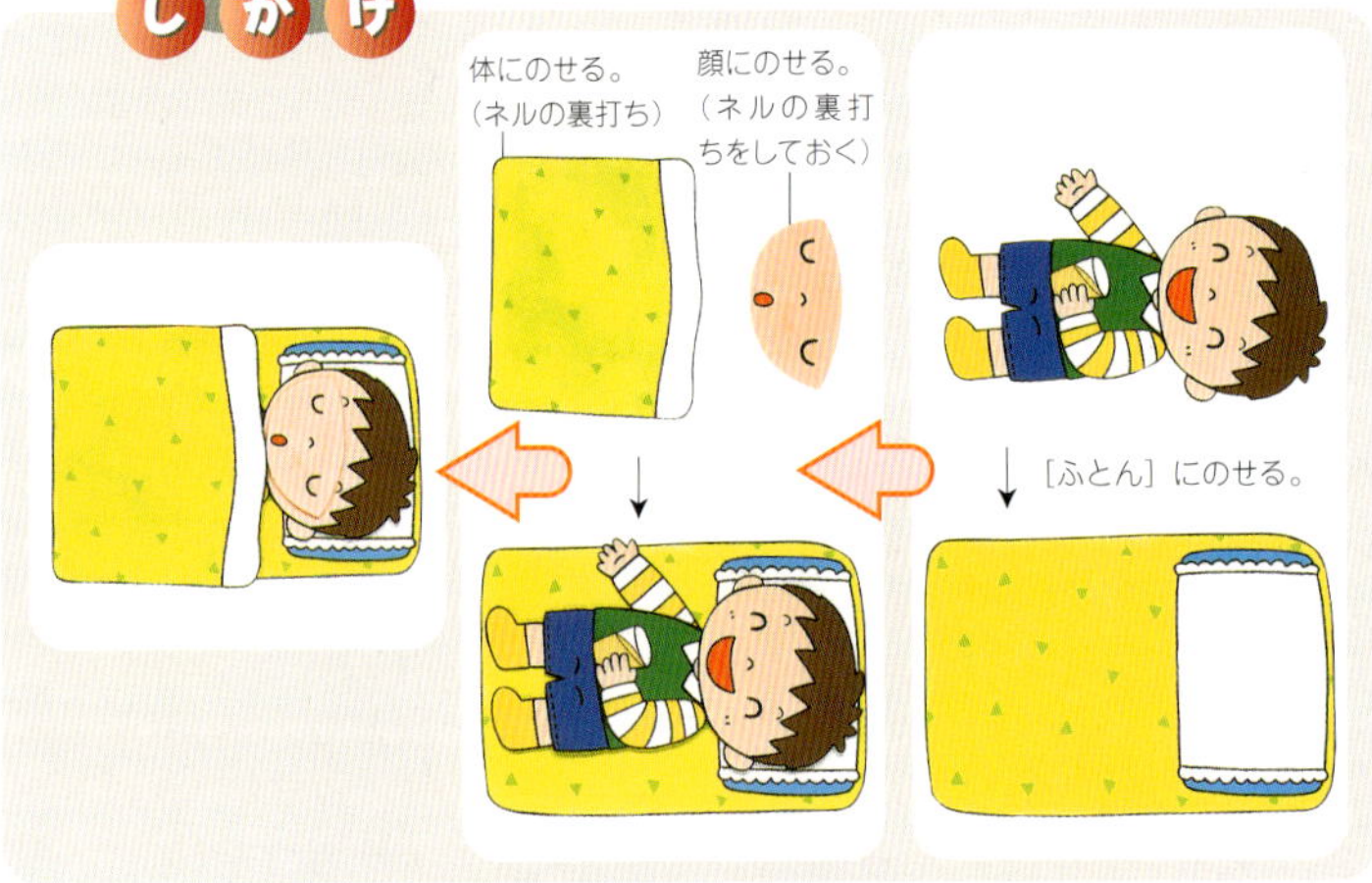
体にのせる。（ネルの裏打ち）
顔にのせる。（ネルの裏打ちをしておく）
［ふとん］にのせる。

しかけ

［昼の窓］
［朝の窓］

窓には窓枠を貼り、［朝の窓］と［ガラス］を差し込みます。場面に合わせて、動かすことができます。

14

おわり

★［ジュースを飲む夢］を裏返して終わり。

おしまい

坂田 修／作詞・作曲

12 どんな色がすき

田中 四郎／絵

クレヨン

子どもたちは絵を描くのが大好き！　思いつくままにクレヨンを動かして絵を描きます。一見なんだかわからないように見えるものも「これなあに？」と聞くと、「迷路」とか「うさぎ」など、感心するほどはっきり答え、また言われて見てみるとちゃんと答えたものに見えてきます。歌をうたいながら、思い切りパネルステージに絵を描きましょう。あなたは“どんな色がすき？”。

（型紙99ページ～／楽譜110ページ）

しかけ
スライド／ポケット／ネルの裏打ち
絵人形
39体

1

クレヨン

みんなはクレヨンでお絵描きするの、好きかな?

★［クレヨンの箱］を出す。（中に［クレヨン］、その下に［小さくなったクレヨン］をセットしておく）

クレヨンにはいろいろな色があるから楽しいよね。何色が好きなのかな?

2

どんないろがすき？

★［クレヨン］を引き出す。

★［女の子1］を出す。

♪どんないろがすき
「あか」

★［クレヨン大］（赤）を出す。

♪あかいいろがすき
いちばんさきに
なくなるよ
あかいクレヨン

★［りんご］［いちご］［チューリップ］を出す。

★［クレヨン］以外の絵人形を、すべてはずす。

3

あお！

★［男の子1］を出す。

♪どんないろがすき
「あお」　あおいいろがすき

★［クレヨン大］（青）を出す。

♪いちばんさきになくなるよ
あおいクレヨン

★［飛行機］［魚］［車］を出す。

★［クレヨン］以外の絵人形を、すべてはずす。

しかけ

クレヨン
筒状になるように貼る。
のりづけ位置
クレヨン
長いクレヨンをしまう。
<裏>はネルの裏打ち。

4 いちばんさきになくなるよ

★「女の子2」を出す。

♪どんないろがすき　「きいろ」
きいろいいろがすき

★「クレヨン大」(黄色)を出す。

♪いちばんさきになくなるよ
きいろいクレヨン

★「バナナ」「ひよこ」「きりん」を出す。

★「クレヨン」以外の絵人形を、すべてはずす。

5 みどりのクレヨン

★「男の子2」を出す。

♪どんないろがすき　「みどり」
みどりいろがすき

★「クレヨン大」(緑)を出す。

♪いちばんさきになくなるよ
みどりのクレヨン

★「葉」「かえる」「きゅうり」を出す。

★「クレヨン」以外の絵人形を、すべてはずす。

6 いろんないろがある

♪いろ　いろ　いろ　いろ
いろんないろがある

★「クレヨン大」を6色ずつ持って、スライドする。

♪いろ　いろ　いろ　いろ
いろんないろがある

★「クレヨン」を箱にしまう。

しかけ

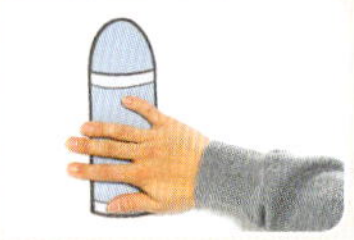

スライド

[クレヨン大]をていねいに重ねて、やや上のほうを押さえます。

手のひらでパネルを押さえつける感じで、ゆっくりとずらします。

それほどむずかしくないテクニックですので何度か練習するうちに、うまくできるようになりますよ！

あっと驚く演出ができるので、ぜひマスターしてください！

7 ぜんぶのいろがすき

★「クレヨン大」をはずす。

♪どんないろがすき 「ぜんぶ」
ぜんぶのいろがすき

★「女の子1」「男の子1」「女の子2」「男の子2」を、パネルの四隅に出す。

8 みんないっしょになくなるよ

♪みんないっしょになくなるよ
ぜんぶのクレヨン

★いろいろな絵（「月と星」「ヘリコプター」「ライオン」「花」など）を出す。

9 楽しかったね

♪ぜんぶのクレヨン

★「クレヨン大」を6色ずつ、扇型に出す。

「あっ！」

★「クレヨンの箱」をとる（「小さくなったクレヨン」が残る）。

いろいろ描けて、楽しかったね。

おしまい

しかけ

扇形スライド
先のスライドと同様に、［クレヨン大］を6枚重ねて、やや下方を押さえます。中心から手首を回転させるように、スライドさせます。

難易度★★☆

田山 雅充／作詞・作曲

13 わらいごえっていいな

笹沼 香／絵

「アッハッハッ」「ウッフッフッ」。笑い声って、聞いているだけで楽しくなります。お父さん、お母さん、みんなで笑うと幸せいっぱい！　じゃあ、動物たちはどう笑うのかな、聞いたことある？　おじいちゃん、おばあちゃんは？ 考えてみるとおもしろそう……。おじいちゃん、おばあちゃんのユーモラスな笑いを加えて構成しました。敬老会や保護者会、ちょっとした集いにパネルシアターを見ながら笑いましょう。

（型紙101ページ～／楽譜111ページ）

しかけ
切り込み／スライド（花）／貼り合わせ
絵人形
18体

どんなふうに笑うのか、見てね

1

笑うと、とっても楽しいよね。
みんなは、笑うときって
どんなふうに笑う？
★［ぼく1］を出す。
ぼくの家族はみんな、
とっても笑うのが好き。
どんなふうに笑うのか、
見てね。

イッヒッヒ

2

♪わらいごえっていいな
たのしそうでさ
なんだか　ウキウキ
うれしくなっちゃうよ
おとうさんが
★［お父さん］を出す。
♪ワッハッハ
♪おにいちゃんが
★［お兄ちゃん］を出す。
♪イッヒッヒ

3

♪おかあさんが

★「お母さん」を出す。

♪ウッフッフ

おねえちゃんが

★「お姉ちゃん」を出す。

♪エッヘッヘッ

オホホホホ
ホ
オホホホホ　ホ

♪おとうともわらう

★「弟」を出す。

★「オホホホホ」「ホ」を出す。

♪オホホホホ　ホ

4

♪「ん？」

★びっくりしたしぐさをする。

オホホホホ
ホ
うそーっ！

♪「うそーっ！」

★「ぼく1」を裏返す。

5

♪わらいごえっていいな

たのしそうでさ

なんだか　ウキウキ

うれしくなっちゃうよ

★うたいながら、すべてはずす。

ヒヒヒヒーン

♪いぬがわらう

★「いぬ」を出す。

♪ワンワンワン

うまがわらう

★「うま」を出す。

♪ヒヒヒヒーン

6

オホホホホ　ホ

♪ぶたがわらう
★［ぶた］を出す。
♪ブウブウブウ
♪やぎがわらう
★［やぎ］を出す。
♪メメエメエ

オホホホホ
ホ

♪パンダもわらう
★［パンダ］を出す。
★［オホホホホ］［ホ］を出す。
♪オホホホホ　ホ

しかけ

裏から差し込む。
切り込み。
（表）と貼り合わせる。
パンダ（表）
のりづけ位置
舌を動かせる。

7

うそーっ！

♪「ん？」
★「あれ？　おかしいな？」というしぐさをする。
♪「うそーっ！」
★［パンダ］を裏返し、舌を引っ張る。

オホホホホ
ホ

♪わらいごえっていいな
たのしそうでさ
なんだか　ウキウキ
うれしくなっちゃうよ
★うたいながら、すべてはずす。

パンダが笑ったら、どんな声で笑うんだろうね。

8

さあ、今日は敬老の日です。おじいちゃん、おばあちゃんも、園にあそびにきてくださいました。
★［ぼく2］を出す。
ぼくのおじいちゃん、
おばあちゃんも、
とっても笑うのが好き！
どんなふうに笑うのかな？

9

♪わらいごえっていいな
たのしそうでさ
なんだか　ウキウキ
うれしくなっちゃうよ
★［お父さん］を出す。

はじめは、お父さんのおじいちゃん、おばあちゃんです。

カッカッカッ

♪おじいちゃんが
★［おじいちゃん（父）］を出す。
♪カッカッカッ
♪おばあちゃんが
★［おばあちゃん（父）］を出す。
♪フッフッフッ

10

★「お母さん」を出す。

次は、お母さんのおじいちゃん、おばあちゃんです。

♪おじいちゃんが

★「おじいちゃん（母）」を出す。

オホホホホ　ホ

オホホホホ
ホ

♪ヒョッヒョッヒョッ

おばあちゃんが

★「おばあちゃん（母）」を出す。

♪アッハッハ

みんなでわらう

★「オホホホホ」「ホ」を出す。

♪オホホホホ　ホ

11

♪「ん?」

★びっくりするしぐさ。

♪「うそーっ!」

★「ぼく2」を裏返す。

うそーっ!

オホホホホ
ホ

♪わらいごえっていいな

たのしそうでさ

なんだか　ウキウキ

うれしくなっちゃうよ

12

♪うれしくなっちゃうよ

★「花」を5枚重ねて持ち、左端からパネルの下のほうに、スライドさせながら並べる。

★これをくり返す。

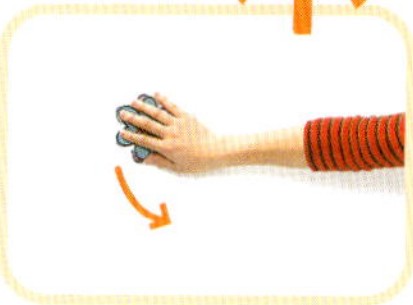

うれしくなっちゃうよ

オホホホホ
ホ

笑うって、ほんとに楽しいね。

おしまい

難易度★★★

奥田 継夫／作詞　乾 裕樹／作曲

14 どこでねるの

ブラックシアター

わらべ きみか／絵

ぞうさんはどこで寝るの？　鳥さんは？　魚さんは？　みーんなそれぞれの場所で静かに眠ります。眠った後はどんな夢を見るのかな？　ブラックパネルシアターで、夢いっぱいのかわいらしく寝るようすを表現しています。星やお月さまや花などは、ブラックシアターならではの美しさです。夏のお泊り保育、お楽しみ会などのイベントにも最適です。

（型紙103ページ～／楽譜111ページ）

しかけ
貼り合わせ／スライド（星）／引っ張り／ポケット

絵人形
11体

※通常の光の下では、下の写真のように見えます。
色塗りの参考にしてください。

※印刷の都合上、実際の色とは異なる場合があります。

1 どこで寝るの？

あ、ぞうさんだ。
★「ぞう」を出す。
ぞうさんって、いったいどこで寝るんだろう……。
ねぇ、ぞうさん。
ぞうさんは、どこで寝るの？

2 つちのうえ

♪どこでねるの
ぞうさん　つちのうえ
★「ぞう」を裏返す。

とりさん

3

♪どこでねるの　とりさん

★［鳥1］を出す。

きのうえ

4

♪きのうえ

★［鳥1］を裏返す。

むしさん

5

♪どこでねるの　むしさん

★［虫1］を出す。

くさのうえ

6

♪くさのうえ

★［虫1］を裏返す。

7

～間奏～

★メロディーをハミングする。

★［星］をスライドさせる。

しかけ

スライド

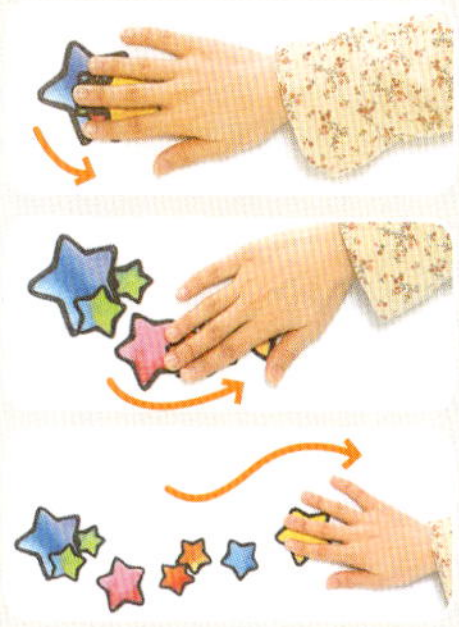

① ［星］を重ねて、手のひらで押さえるようにパネルに貼ります。

② 指先の力を意識しながら、すべらせるように手を動かします。

★［月］を出す。

★［ぞう］［鳥1］［虫1］をはずす。

8

♪どこでねるの さかなさん

★［魚1］を出す。

さかなさん

9

♪みずのなか

★［魚1］を裏返す。

みずのなか

10

♪どこで ねるの あかちゃん

★［赤ちゃん］を出す。

あかちゃん

11

♪ふとんのなか

★［赤ちゃん］を裏返す。

ふとんのなか

12

～間奏～

★メロディーをハミングする。

★［魚1］をはずし、［赤ちゃんを乗せたぞう］を出す（裏に［天使］を隠しておく）。

13

～間奏～

★［鳥2］［魚2］［虫2］を出す。

14

どこで寝るの？

♪どこでねるの

★［赤ちゃんを乗せたぞう］をはずす。（［天使］が残る。）

15

ふとんのなか

♪あかちゃん

★［鳥2］［魚2］［虫2］をゆっくり裏返す。

♪ふとんのなか

16

おやすみなさい

おしまい

しかけ

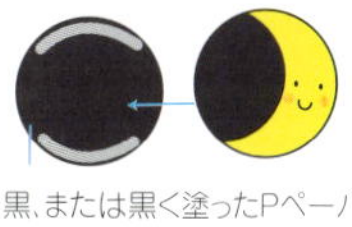

黒、または黒く塗ったPペーパー

━ のりづけ位置

［花］を隠しておく。

①［月］はポケットになっています。②そこへ、糸でつないだ花を隠しておきます。端の花を取り出して引っ張るので、これが一番上にくるようにセットしておきましょう。

♪おやすみなさい

★ゆっくりと［花］を引っ張る。

〜後奏〜

★メロディーをハミングする。

舞台を作りましょう

作り方実践講座

パネルステージ……平らな板(スチロールボードなど)にパネル布をピンと伸ばした状態で貼ってあるもの。基本は白のパネル布を貼ったもの。ブラックパネルシアターでは、黒のパネル布を貼ったものを使用する。

スタンド……パネルステージをのせる台。少し傾斜をつけてしっかりと固定する。傾斜がないと、絵人形が落ちやすくなる。

すそ幕……舞台裏の絵人形を隠すために、パネルステージにつけて垂らす。

ブラックライト装置……ブラックパネルシアターを演じるときに使用する。スタンドの上から下げるように取りつけると効果的。

- スタンドはやや傾斜をつけた状態で、ガムテープなどでテーブルに固定する。
- 舞台裏を隠すために、すそ幕はクリップなどでとめて垂らす。
- テーブルには、絵人形を演じる順に重ねて用意しておく。
- スタンドがない場合には、大型積み木をテーブル上に重ね、そこへパネルステージを立てかけたりする。移動黒板を利用する方法もある。

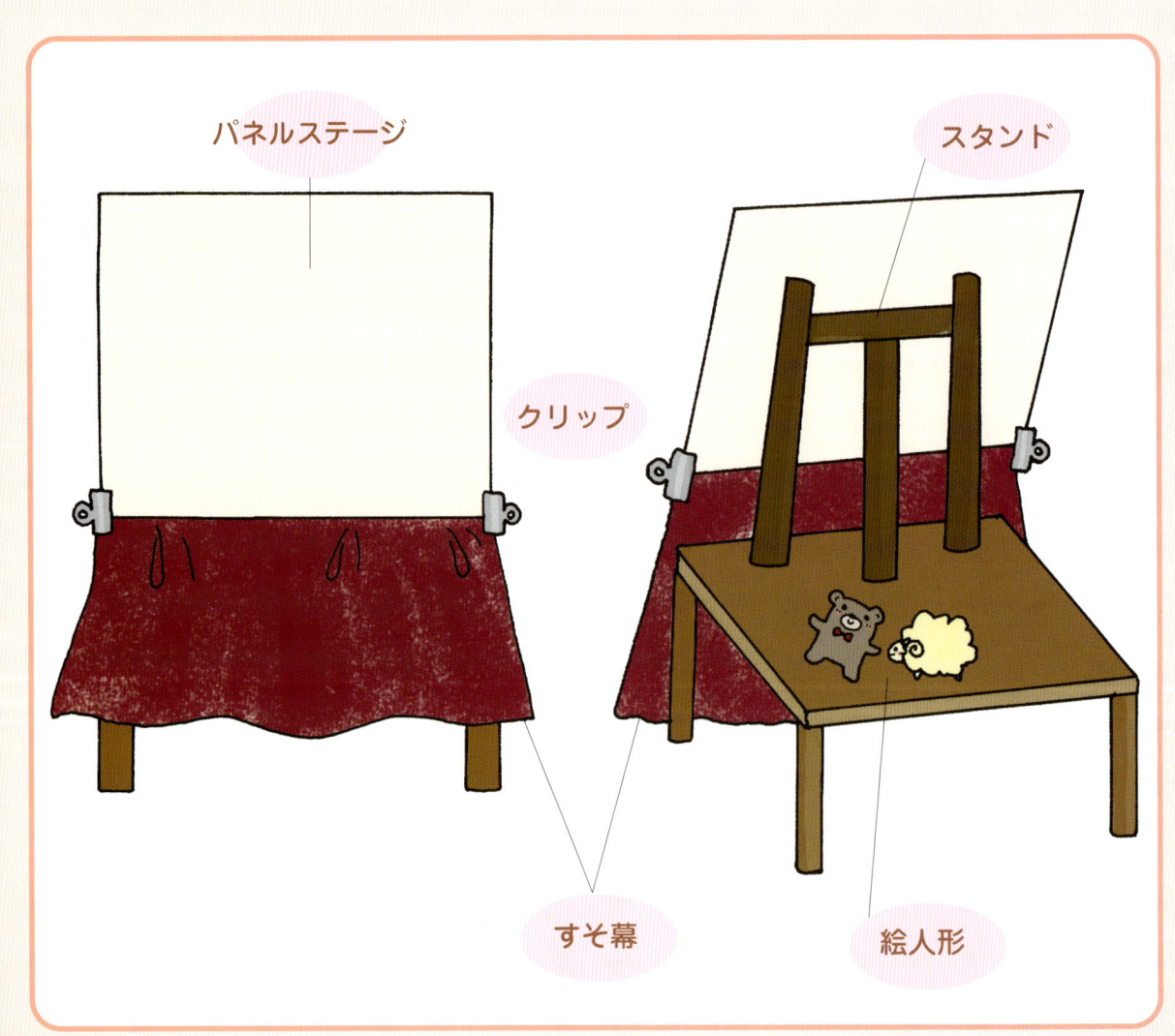

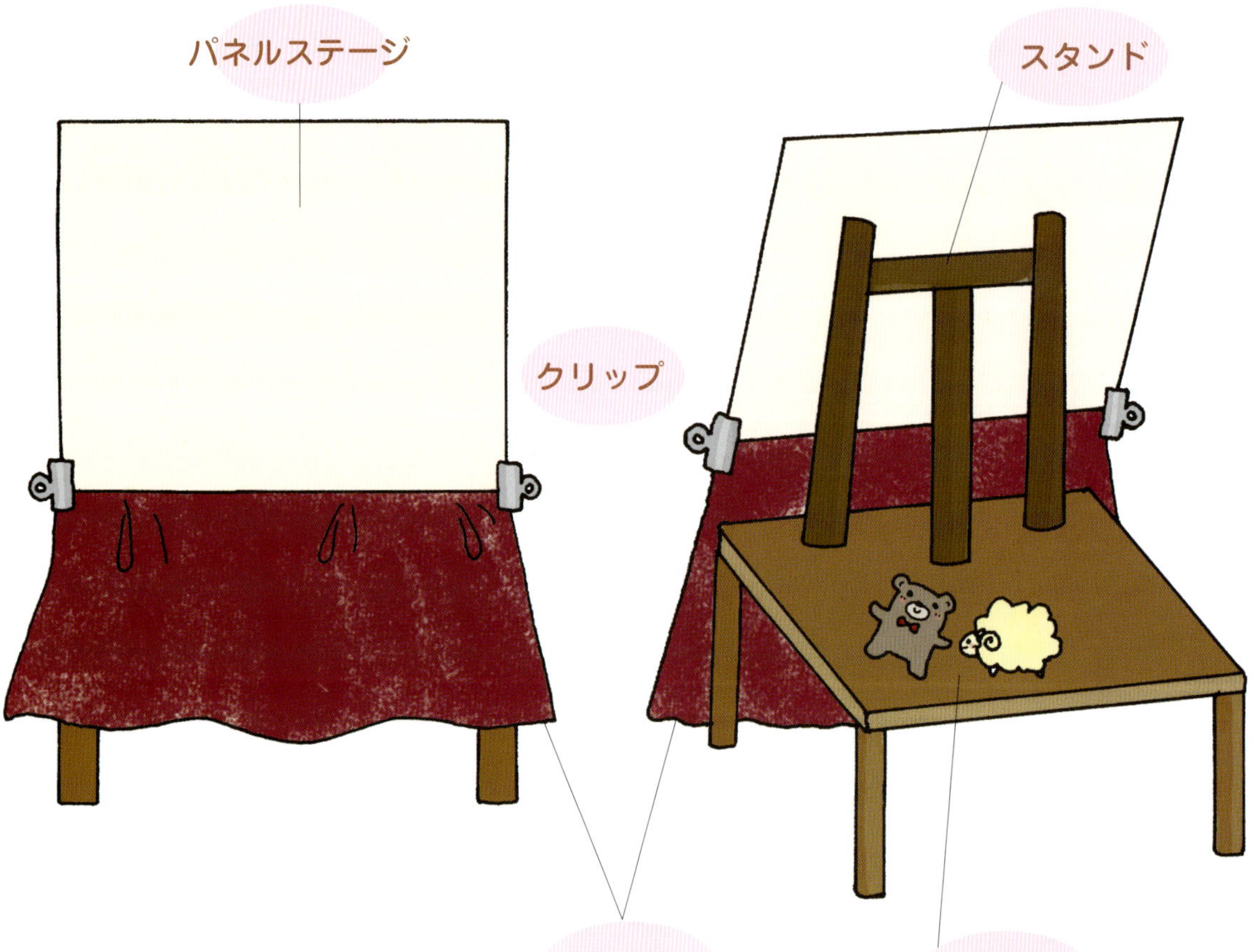

絵人形を作りましょう

用意するもの
筆洗いバケツ
絵の具
（ポスターカラー）
パレット
おしぼり
カッティングマット
古新聞
白と黒の
木綿糸
針
筆
ガーゼ
鉛筆（BまたはHB）
はさみ
パネル布（裏打ち用）
黒の油性フェルトペン
Pペーパー
カッターナイフ
不織布用のり（またはボンド）

絵人形の作り方・基本

用意するもの

Pペーパー　鉛筆（BまたはHB）
絵の具（ポスターカラー）　筆（各種）
筆洗いバケツ　黒の油性フェルトペン
はさみ　不織布用のり（またはボンド）
白と黒の木綿糸　針　カッターナイフ
ガーゼ　はさみ　おしぼり　パレット

1 Pペーパーを下絵の上にのせて、鉛筆（BまたはHB）で写し取る。

2 絵の具やポスターカラーで着色する。

3 黒の油性フェルトペンでふちどりをする。

4 はさみで切り取る。

※製作時間を短縮させたいときは、①の写し取るときに黒の油性フェルトペンで写し取ってから着色をはじめるとはやくなります。ただし、①～④の手順でおこなったほうがきれいに仕上ります。

絵人形の色の塗り方

※Pペーパーは水をはじきやすいので、色塗りに入る前にPペーパー全体をぬれタオルなどでふいて、しめらせておきましょう。

用意するもの

ぬれタオル（おしぼり）
絵の具（ポスターカラー）セット
筆（太・中細・細）　筆洗いバケツ　筆の水分をふきとるタオルまたはティッシュペーパー

- 単色で塗る場合は、ビン入りのポスターカラーを使うと直接ビンから塗ることができるので、パレットが不要になるぶん後始末が楽になります。

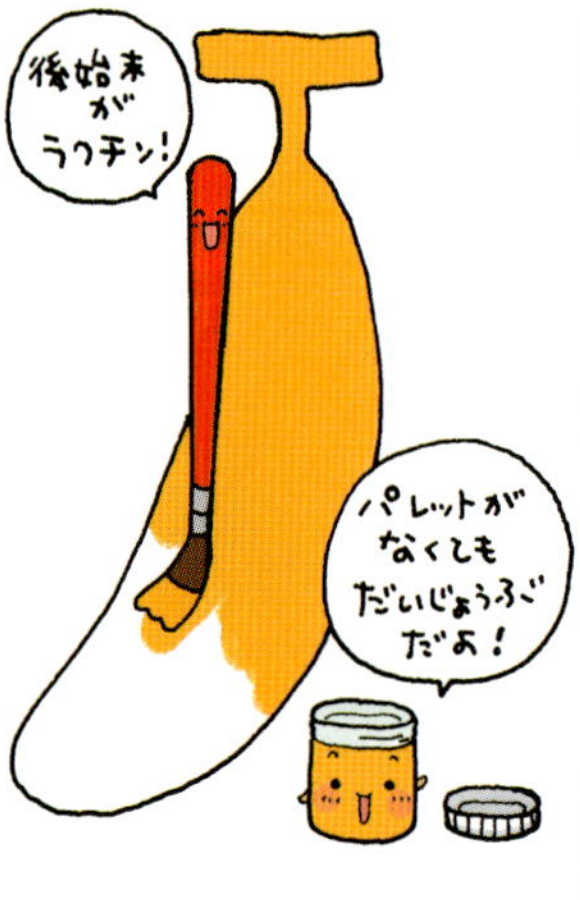

後始末がラクチン！
パレットがなくともだいじょうぶだよ！

- ポスターカラーを混ぜるときのみ、パレットを使います。
- 広い部分を塗るときはムラができやすいので、塗る方向を一定にするとムラが目立たなくなります。

絵の具を混ぜて広い部分を塗ると、塗りはじめと塗り終わりの部分の色が微妙に違ってしまうことがあります。均一な色にしたい場合は、全部塗り終わってから太い筆に水を少し含ませて、一気に全体を塗ると目立たなくなります。

山・地面・木々の葉など、自然の景色を塗る場合、写生のように塗る必要はありませんが、単一色で塗ると平板な絵になっておもしろみがありません。例えば、秋の山ならまず全体を黄色や茶色で塗ります。その後、緑・オレンジ・黄・茶などの色を筆で点々とのせて重ねます。すると立体感が出て、自然に近い雰囲気が出ます。

▶山全体を黄色や茶色で塗る。

▶緑やオレンジを点々とのせていく。

▶立体感が出る。

グラデーションで塗りたいとき、あるいは濃い色から薄い色へとぼかしたいときなどには、まず薄い色から塗りはじめます。薄い色を広めに塗って、次に濃い色を端のほうから薄い色のほうに向かって塗りはじめます。色が変わる部分まで来たら、筆をきれいに洗って水だけを含ませて境の部分を塗ると、両方の色に水がしみ込んでにじみ、きれいなぼかしができます。

▶水だけを含ませて塗る。

顔のほおの部分をうっすらとぼかしたオレンジ色に塗る場合も、同じように水でぼかします。まず肌色を塗って完全に乾かします。その後、蛍光橙（生き生きした雰囲気が出ます）でほおを塗ります。一度筆を洗って、少し水を含ませてからオレンジのまわりを丸く塗るようにぐるりと塗ると、きれいにぼかしたほおができます。

▶肌色を塗って乾かす。

▶蛍光橙でほおを塗る。

▶水を含ませて塗ってぼかす。

絵の具をうっかりPペーパーの上に落としてしまったとき、違う色で塗ってしまったときなど、やり直し……とあきらめる前に、ほんの少しならぬれタオルで絵の具を押さえると絵の具が取れます。はやければはやいほど効果的です。あるいは筆に水を含ませて、間違えた部分に水を塗り、ぬれタオルで押さえるかティッシュペーパーでふき取ります。かなりの色が取れますから、乾かしてから塗り直しましょう。

しばらく使わないうちにポスターカラーのふたが開かなくなったら、ぬるま湯に3分間くらいつけてみましょう。

しかけの作り方

用意するもの

のり（ボンド）　白の木綿糸　針
はさみ　ガーゼ
カッターナイフ　パネル布（裏打ち用）

表裏貼り合わせ

▶それぞれ少し大きめに切り取る。

▶（裏）を裏返してのり（ボンド）をつける。

▶（表）と（裏）を貼り合わせる。
はさみでできあがり線に合わせて切って、できあがり。

糸止め

〈「ぼくのミックスジュース」（38ページ〜）の場合〉

▶「ぼく」と「ぼく（手）」を描いて切り取る。

▶糸で止める。

▶裏側で玉結びする。

切り込み

カッターナイフで切り込みを入れ、別の絵人形をはさんだり、隠したりする。

ポケット

〈「ハローマイフレンズ」（4ページ〜）の「気球」の場合〉

Pペーパーと絵人形をポケット状に貼り合わせ、別の絵人形を隠す。

ネルの裏打ち

〈「ハローマイフレンズ」（4ページ〜）の「花束」の場合〉

Pペーパー同士を重ねたいとき、そのままでは落下してしまうので上になる絵人形の裏に、パネル布をのり（ボンド）で貼る。

▶パネル布を切る。

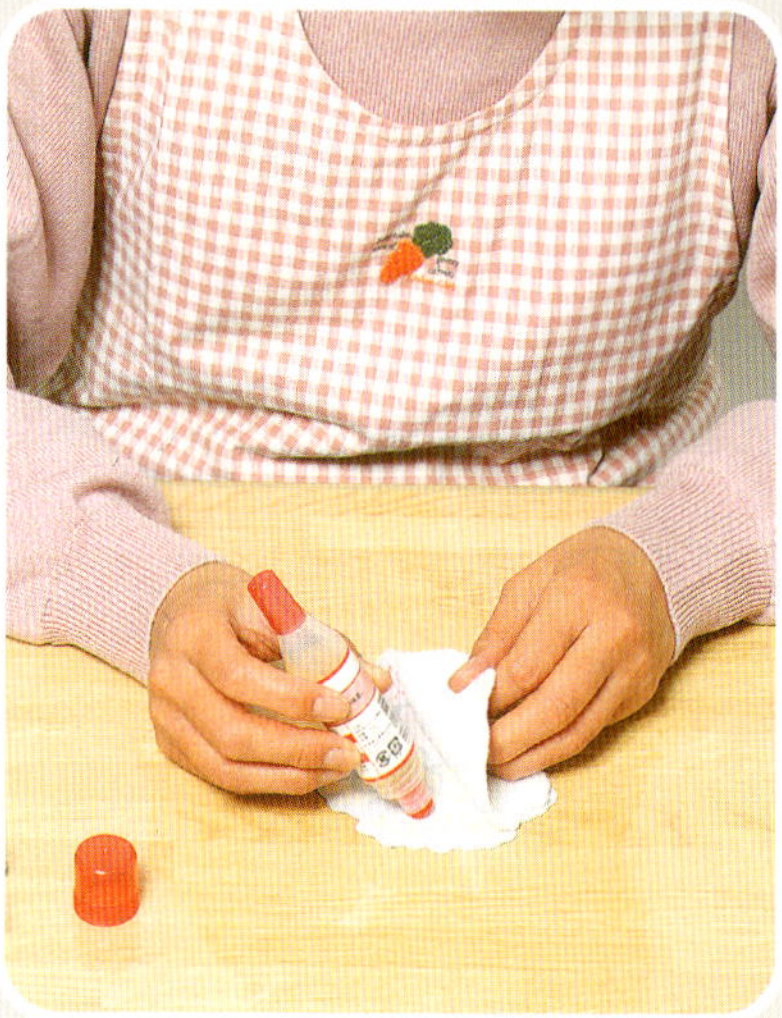

▶絵人形にのり（ボンド）をつけて貼る。

▶「コアラ」の上に「花束」を重ねて貼ると、「コアラ」が「花束」を持っているように見える。

引っ張り

〈「にんげんっていいな」（19ページ〜）の「とんぼ」の場合〉

絵人形同士を糸でつなげて引っ張ると、残りの絵人形がつながって出てくる。

▶「とんぼ」に着色して切り取り、それぞれを糸で止めながらつなげる。

窓開き

〈「にんげんっていいな」の「くま」の場合〉

絵人形同士をガーゼをはさんで止め、とびらを開いたり口を開けたりする動作ができるようにする。

▶着色し、（表）だけをふちどりして切る。

▶絵人形の大きさに合わせてガーゼを切る。

▶ガーゼを顔の（裏）に貼る。

絵人形を作りましょう

▶ガーゼをはさんだまま顔の（表）を貼る。

▶体の（表）の切り込み線をカッターナイフで切って、ガーゼを差し込む口を作る。

▶ガーゼを体に差し込む。

▶（裏）に出たガーゼに体の（裏）を重ね、のり（ボンド）で貼る。

▶最後に裏面をふちどりする。

引き抜き

〈「サンタが町にやってくる」（24ページ〜）の「ツリー」の場合〉

27ページの「しかけ」を参照。

スライド

絵人形を重ねて隠し持ち、手でずらして見せていく。

〈「虫のこえ」（16ページ〜）〉ほか。

お役立ちメモ

Pペーパーの表裏は、端のほうに着色してみて、塗りやすいほうが表です。表と裏はどちらにも着色でき、パネルステージに貼ることもできますので、どちらでも支障はないようですが、比較的表のほうが塗りやすく、裏にはざらつきがあるのでパネルステージにくっつきやすいという点で、表に着色したほうが使いやすくなります。

Pペーパーに絵を写すときは、大きい絵から写すようにしましょう。Pペーパーの節約になります。

白い色は塗らないで、Pペーパーの白地をそのまま生かしてもかまいません。ただし、しかけなどで表裏貼り合わせたり、裏に別の絵を隠したりするときは、白地のままでは透けて見えてしまうので着色をしましょう（黄色や薄い色も同じ）。

黒の油性フェルトペンは、太・中・細を使い分けましょう。

絵の細かい部分、細い部分は折れたり切れたりしやすいので、余白を残して切り取るようにしましょう。

のり（ボンド）で絵人形を貼り合わせるときは、のり（ボンド）が乾かないうちに切ったほうが、はさみの力でより圧着します。

糸止めした糸は、同色で塗っておくと目立たないので一層効果的です。

絵人形が折れ曲がってしまったら、弱めのアイロン（ドライ）を当ててみてください。

絵人形の保存は、マチのない茶封筒に演じる順に重ねて入れておきましょう。このとき、ボール紙を封筒の大きさに切り、角も丸く切っていっしょに当て紙として入れると、絵人形が折れずに保存できます。茶封筒の表には作品のタイトルや製作した日付け、自分の名前などを書いておきましょう。

しまうときは、日光が当たらず湿気の少ない場所に平らに並べて保存しましょう。

ブラックパネルシアターとは

パネルシアターでは、白いパネルステージで演じるものが基本ですが、部屋を暗くして蛍光ポスターカラーで着色した絵人形にブラックライトを当て、黒いパネルステージで演じる方法をブラックパネルシアターといいます。基本の白と違って演じ手が見えなくなり、絵だけが浮きあがるように光るので、幻想的で夢のような美しい舞台ができあがります。

星の歌、夜の話、とりわけ夏季には花火やお化け、冬季には雪やクリスマスの美しさがよりきわだつように表現することができます。

作り方やしかけは基本の白とほぼ同じですが、違いは蛍光ポスターカラーで絵人形に着色することと、余白はすべて黒く塗りつぶすことです。

絵人形の作り方

1 鉛筆で写し取る。

2 蛍光ポスターカラーで着色する。

3 黒の油性フェルトペンでふちどる。

4 はさみでできあがり線にそって切り取る。

5 余白は黒く塗りつぶしてできあがり。

舞台設置のしかた

しかけの作り方などは、すべて基本の白と同じです。より美しく見せるためには室内が暗いと効果的ですが、小さい子（3歳未満）の場合は薄暗い程度のほうが安心して見ることができます。

また、演じ手は黒っぽい服装のほうがより目立たず効果的です（白い服には蛍光塗料が入っているため光ってしまうので気をつけましょう）。

真っ暗な部屋で演じる場合は、手元も見えなくなってしまうので、いざというときのためにペンライトなどを舞台裏に用意しておくとよいでしょう。

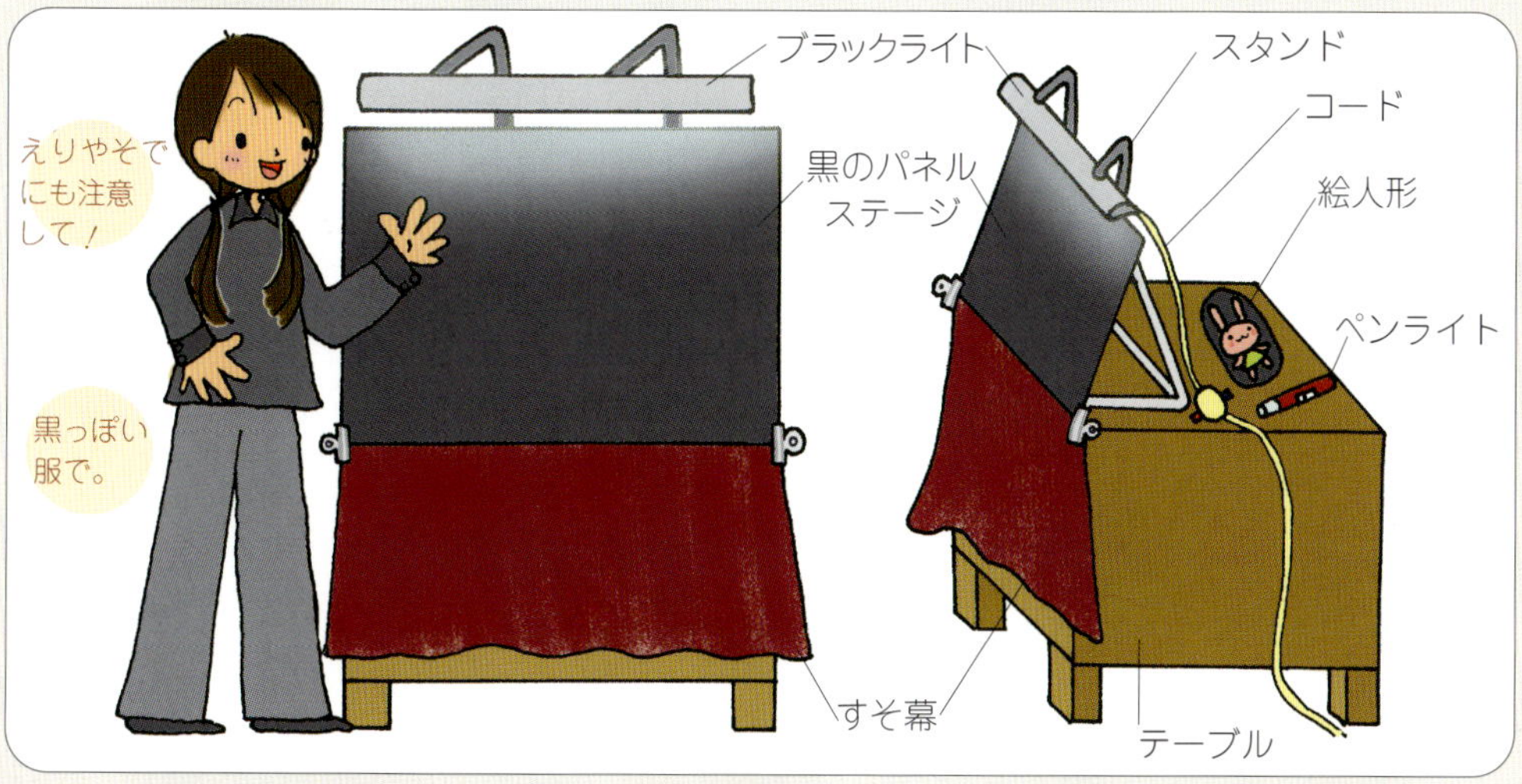
えりやそでにも注意して！
黒っぽい服で。
ブラックライト
黒のパネルステージ
スタンド
コード
絵人形
ペンライト
すそ幕
テーブル

演じてみましょう

絵人形は演じる順番にそろえておき、手にとりやすい位置に置く

右利きの人は、パネルの右横に立つ

子どもたちを、パネルが見やすい位置に配置する

パネルに向かって、右利きの人は右側に、左利きの人は左側に立ちます。利き手を使いやすくするためです。

絵人形はパネルステージにそっとのせる程度に置くようにします。ステージに強く押しつける必要はありません。

脚本を見ながら、しっかり練習しましょう。頭では理解しているつもりでも、実際にパネルの上に並べてみると思うように動かせないものです。

脚本を参考に、絵人形を置く位置を工夫しましょう。自分なりの、置きやすい位置を見つけましょう。

同様に、パネルステージの上部に置くか、下部に置くかによって受けるイメージが変わります。あらかじめよく考えて位置を決めましょう。

絵人形を置くときは、歌やセリフの通りにできますが、はずすタイミングが意外にむずかしいものです。どの場面でどの絵人形をはずすのか、練習して把握しましょう。

絵人形を置くことばかりに気をとられ、子どもたちに背中ばかりを向けることにならないように気をつけましょう。

歌のパネルシアターの場合、歌詞に合わせて絵人形を置こうとして間に合わなかったりタイミングが合わなかったりなど、うまくいかないことがあります。そんなときは前奏や間奏をたっぷり入れ、その間に絵人形を置くように工夫するといいでしょう。

歌詞やセリフを忘れてしまったら？
こんなとき慌ててはいけません。舞台裏には、いつも歌詞カードや脚本などを準備しておくことが必要です。しかし、見る余裕のないときの対処法も考えておきましょう。
歌の場合は、絵人形に合わせて、似た歌詞でとっさにうたいます。あるいはハミングでうたってしまい、うたい終わってからセリフで補うなどが考えられます。
お話の場合は脚本通りの言葉でしゃべる必要はないので、常に自分なりの表現ができるように練習しておきましょう。

明るく楽しく！を心がけて演じましょう。お話の場合、登場人物によっては声色を変えたりするとより効果的です。

子どもたちとの対話や交流を大切にして演じましょう。パネルシアターは、演じ手が子どもたちの前に立って話をするという点が最大の特徴です。子どもたちに呼びかけたり、返ってきた答えをしっかりと受け止めてあげましょう。

基本は一人で演じますが、ステージの両側に立って二、三人で分担して演じてもいいですし、楽器などを使って場面をより効果的に盛り上げるなどの方法もあります。

絵人形が落下する原因として、
●絵人形がそり返っている
●パネルステージの傾斜が足りない
●絵の具の塗りすぎで絵人形が重い
●風がパネルステージに当たるため
など、いろいろな原因が考えられます。舞台を設置する前に確認しておきましょう。

型紙

＊まず200%に拡大コピーし、さらに141%（定形拡大　A4→A3、A5→A4設定）に
拡大コピーしてお使いください。（282%拡大です）

＊一部の作品を除く。

4〜7ページ

ハロー・マイフレンズ

■花1

■ちょう1

■ちょう2

■花2

■太陽（表）

＊裏は、表の輪郭を流用してください。
（表情のみ差し替え）

■太陽（裏）

＊表裏貼り合わせ。

＊［雲］は、自由に描いてください。

■男の子（裏）★

■女の子（裏）★

＊［男の子］［女の子］の裏は、
表の表情を差し替えてください。

＊表裏貼り合わせ。

★のついた
この三人だけは、
200%に拡大した後、
もう一度200%に
拡大してください。
（400%拡大）

■男の子（表）★

■女の子（表）★

■アメリカの女の子★

■気球

＊［気球］は、かごだけの絵人形も
作ってください。
2枚必要です。（ポケット用）

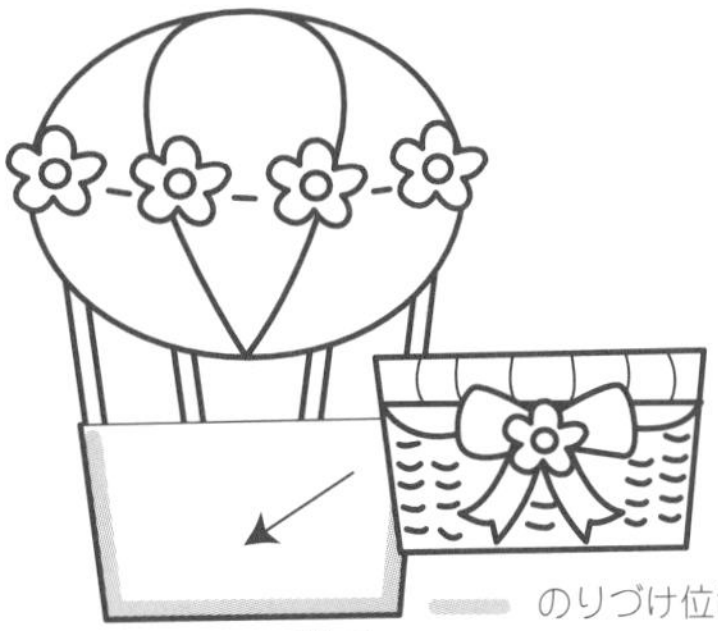

＊［船］は、［気球］同様に、2枚必要です。（ポケット用）

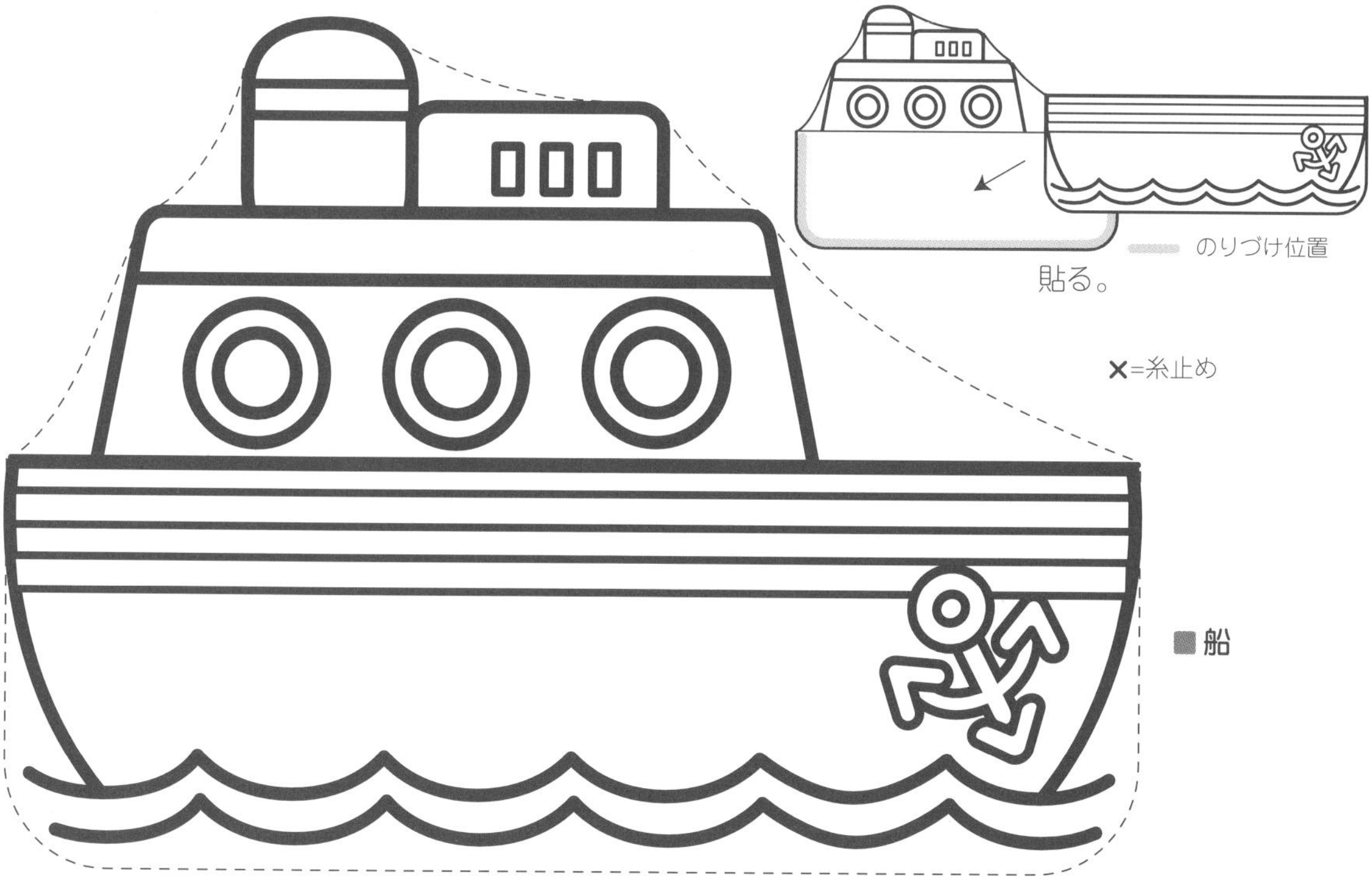
のりづけ位置
貼る。

×=糸止め

■船

■コアラ

＊［うさぎ］の手は、表裏の絵人形
にはさんで糸止めします。
貼り合わせるときののりづけの
位置に注意しましょう。
手が動かせなくなります。

■うさぎ（表）　＊表情の差し替え。

■うさぎ（裏）

×=糸止め

のりづけ位置

■うさぎ（手）
×2枚

■パンダ

のりづけ

■パンダ（手）

■花束1

■アフリカの男の子

■花束2

＊［花束1］のリボン
部分を流用。

■川

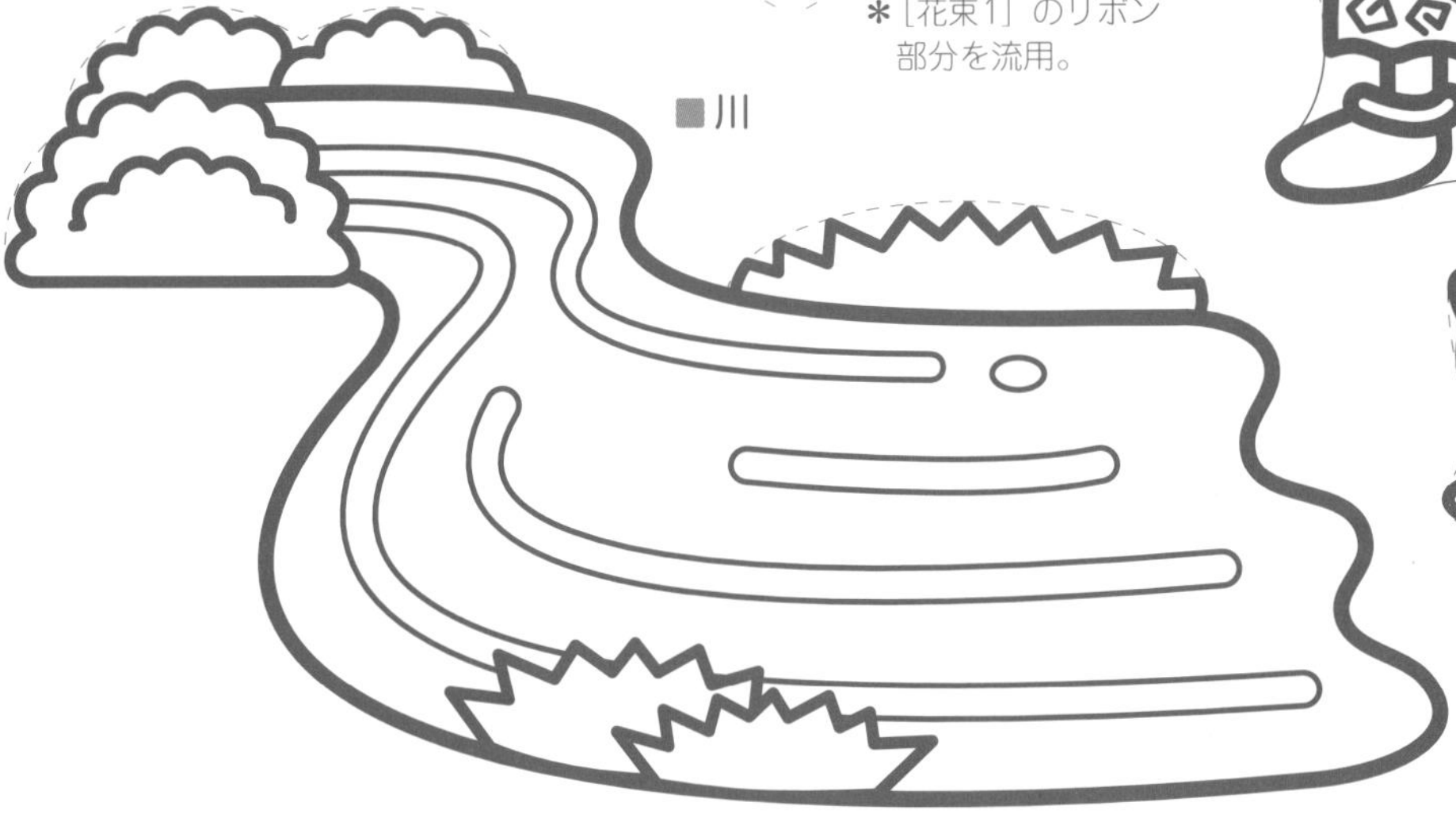

■鳥1

■鳥2

■森

8〜10ページ

森のくまさん

■音符

＊［音符］は、1番上の円を利用して、
10個くらい作ります。

■茂み1・2（×2枚）　＊花模様を変えて作っても楽しいです。

■くま（表）

■くま（裏）

＊表裏貼り合わせ。

＊［森］は自由に描いてください。

■女の子（裏）

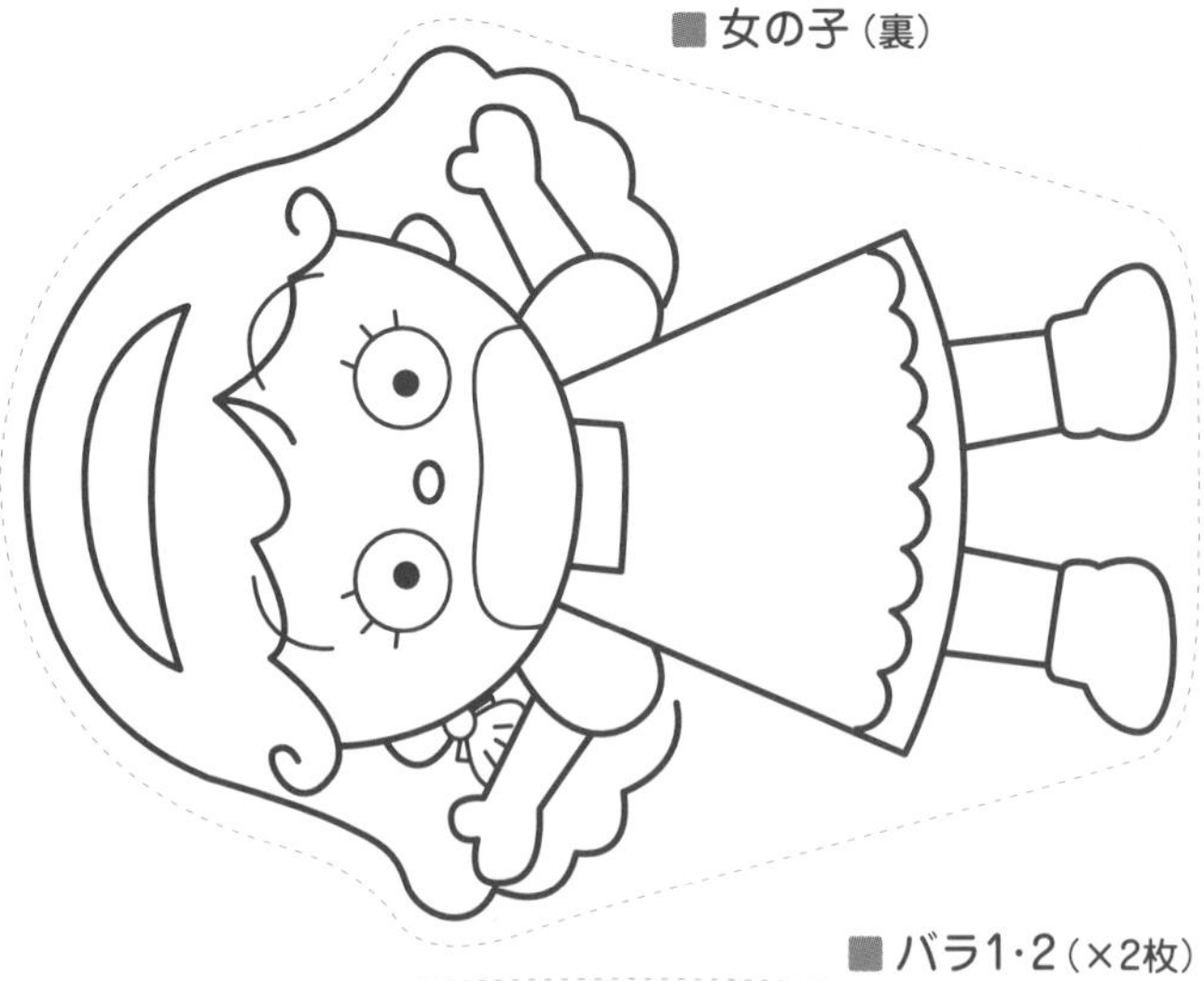

■女の子の笑い顔

＊ネルの裏打ち。

■貝殻のイヤリング

＊ネルの裏打ち。

■女の子（表）

＊表裏貼り合わせ。

■バラ1・2（×2枚）

＊裏にPペーパーを貼り、
ポケットを作る。

■心配顔の動物たち
（右・下）

■笑顔の動物たち
（右・上）

＊ネルの裏打ち。

■心配顔の動物たち（左・下）

■笑顔の動物たち
（左・上）

＊ネルの裏打ち。

11〜13ページ

バナナのおやこ

■南の島

×=糸止め

■糸止めのバナナ

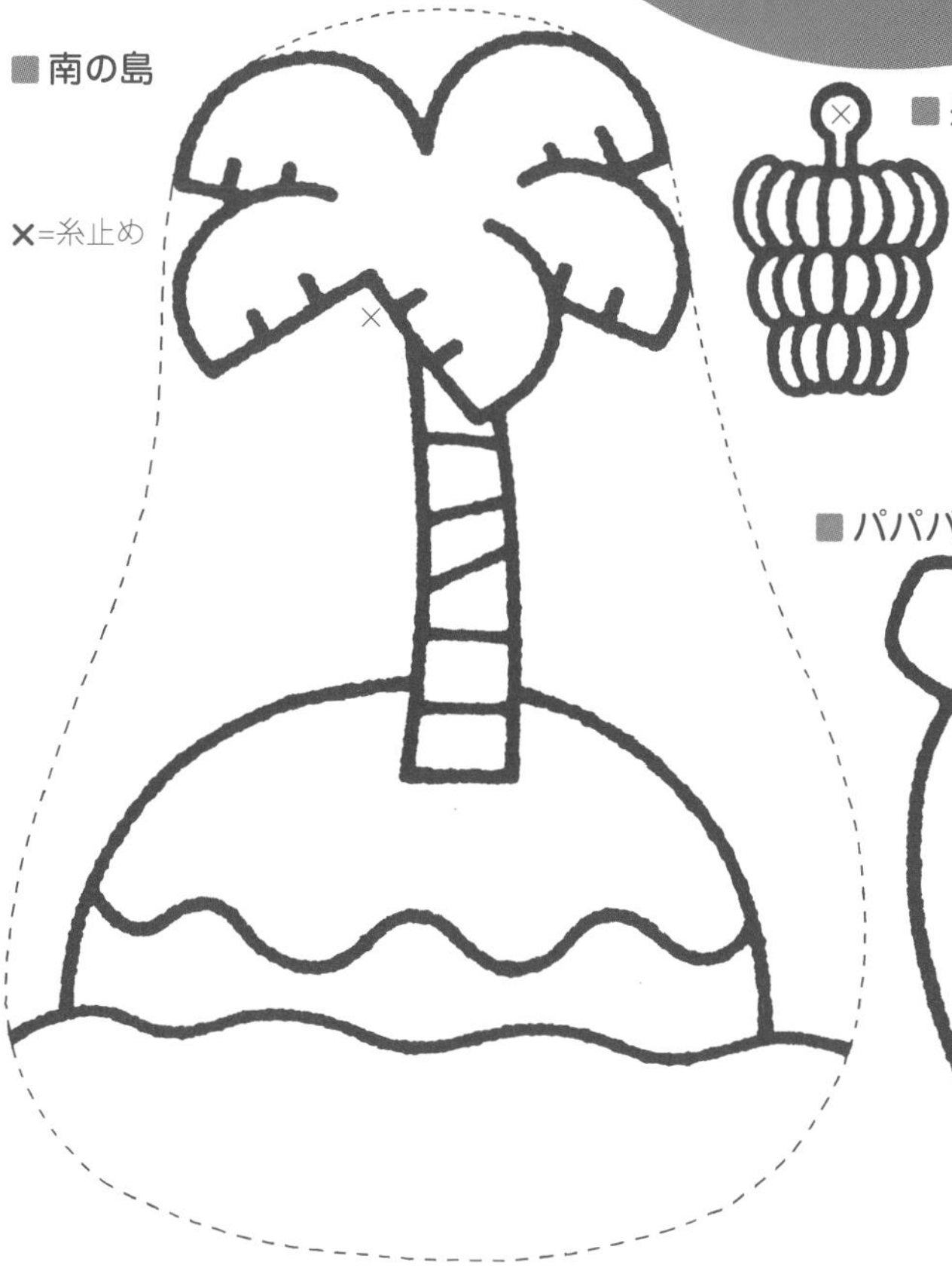

■こバナナ（表）

■ママバナナ（表）

■パパバナナ（表）

■パパりんご（表）

■こバナナ（裏）

■ママバナナ（裏）

■パパバナナ（裏）

■ママりんご（表）

■こりんご（表）

＊各果物（パパ・ママ・こ）は、全て表裏貼り合わせです。バナナ以外は、表の輪郭を裏返しに（反転）して写してください。表情が透けて見えそうな場合は、間にコピー用紙をはさんで貼り合わせるとよいでしょう。

■パパレモン（表）

■ママレモン（表）

■こレモン（表）

■パパいちご（表）

■ママいちご（表）

■こいちご（表）

■パパすいか（表）

■こすいか（表）

■ママすいか（表）

■こくじらの目

■こくじら

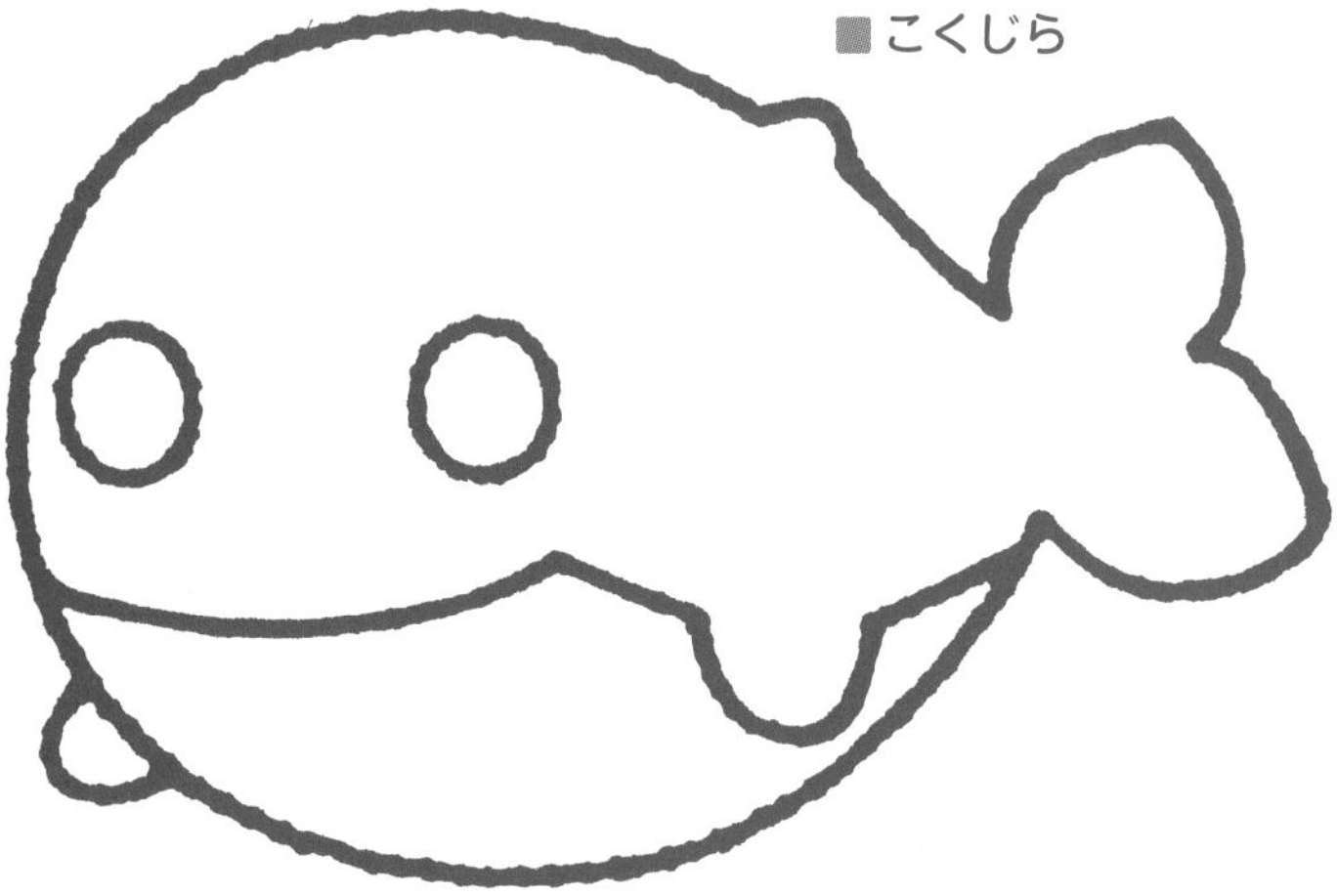

■魚 3

■魚 1

■魚 4

■魚 2

■魚 5

■たこ

■魚 6

11〜13ページ
バナナのおやこ

■パパ・ママくじらの波　＊ネルの裏打ち。

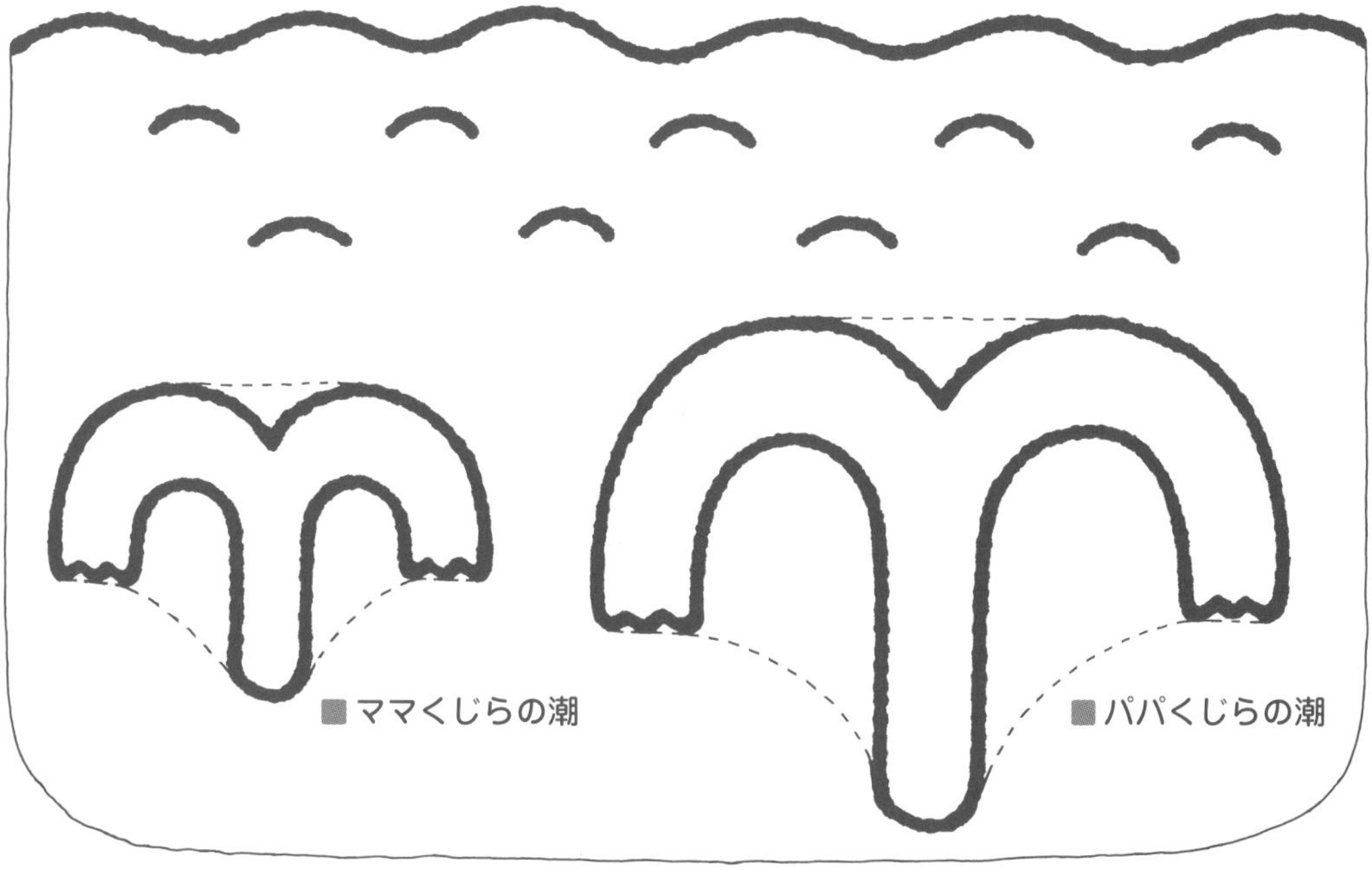
■ママくじらの潮
■パパくじらの潮

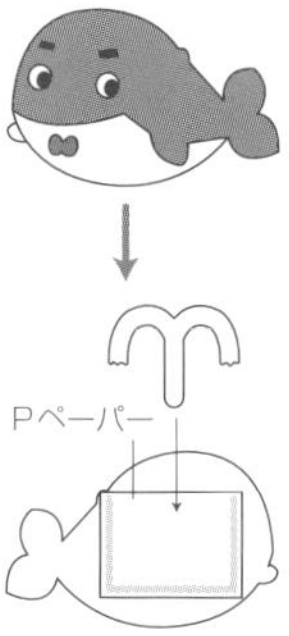
Pペーパー
のりづけ位置

潮は、裏にポケットを作って、隠しておく。［ママくじら］も同様。

＊［こくじらの波］は、これより80%縮小サイズです。
（この型紙をはじめに80%縮小してから拡大するか、
200%拡大してから、135%拡大してください）

■ママくじら
■パパくじら

お星さま

ブラックシアター

余白は黒く塗りつぶしましょう。

■星 2

■星 1

■星の光（×2）

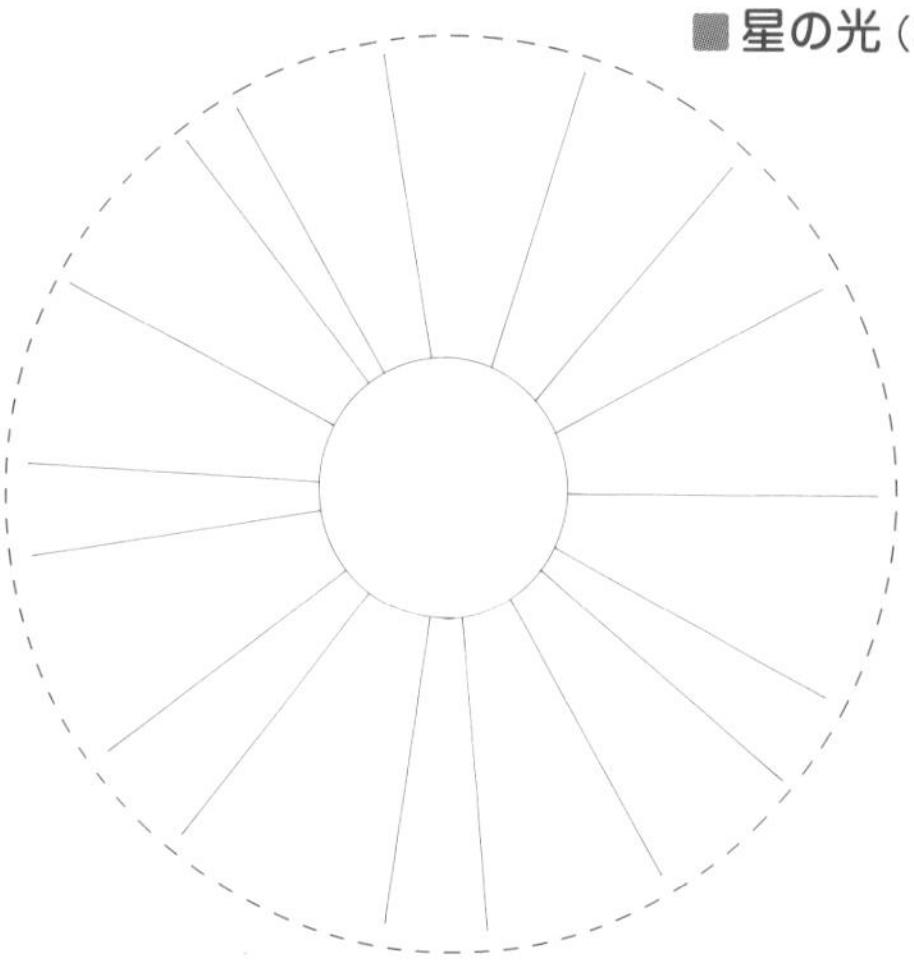

＊放射状に蛍光カラーを塗ります。部分的に黒いラインを入れると、またたくように見えます。

■くま（表）

■電話をする星

■うさぎ（表）

■男の子（表）

14〜15ページ
お星さま

■男の子（表）

■くま（裏）

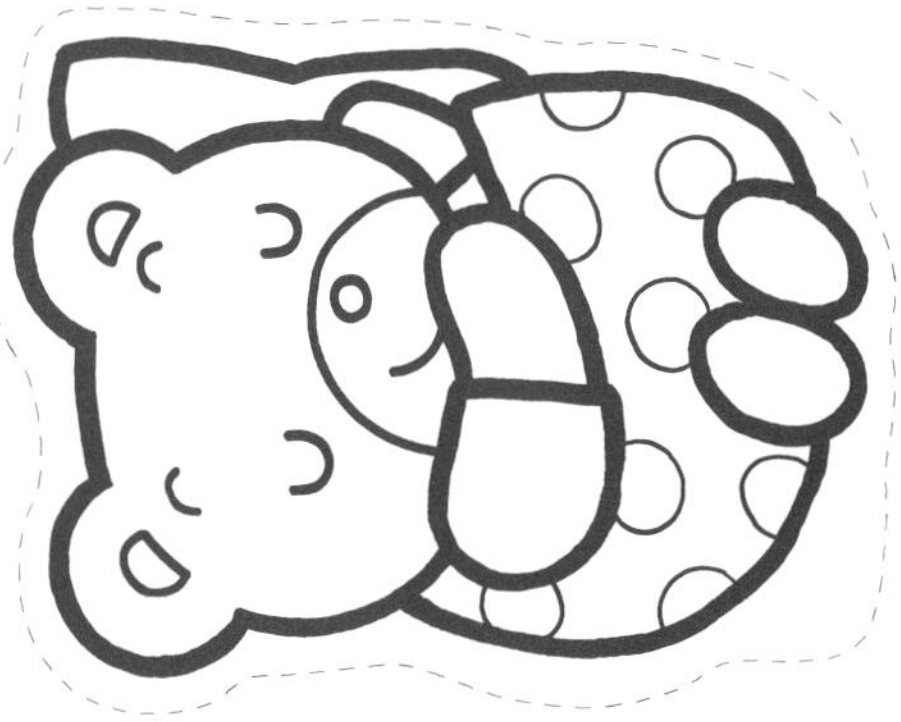

＊[男の子]［くま］［うさぎ］は表裏貼り合わせ。

■うさぎ（裏）

■星の音符

■花畑 1

■花畑 2

＊[星空] は、Pペーパー（黒）に、
ポスターカラーを点々とつけます。
はしはギザギザに切ります。

16～18ページ

虫のこえ

■星（×15枚ぐらい）
＊大きさも少しずつ
変えて作ると楽しいです。

■うまおい

■まつむし

■こおろぎ

■草むら 1

■虫の音楽隊 1

■くつわむし

■すずむし

■月 ＊顔のない［月］と
表裏貼り合わせ。

■音符

＊模様や色を変えて、合計4枚作ります。

■虫の音楽隊 4

■草むら 5

■草むら 2

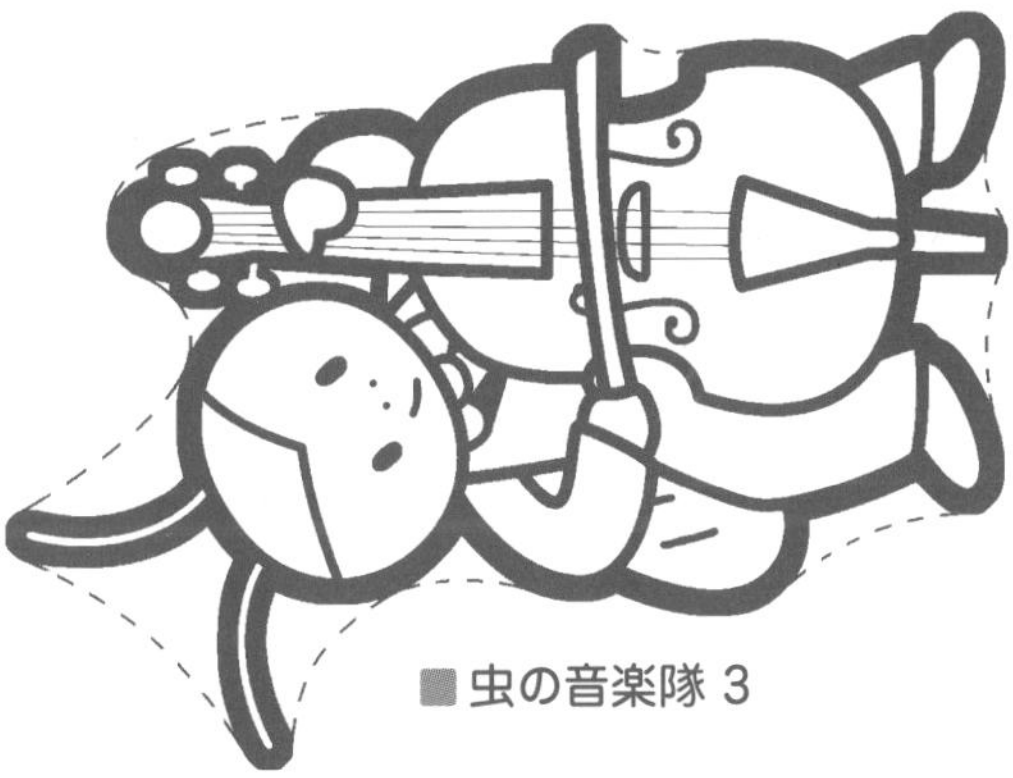

■虫の音楽隊 3

■虫の音楽隊 2

■草むら 4

■虫の音楽隊 5

■草むら 3

19〜23ページ
にんげんっていいな

■くま（顔・裏）

■くま（顔・表）

■くま（体・裏）

■くま（体・表）

■男の子(顔・表)

■いちょうの木

＊幹の部分、
ネルの裏打ち。

■男の子(顔・裏)

■男の子(体・表)

■男の子(体・裏)

■うさぎ(顔・裏)

■うさぎ(顔・表)

■たぬき(顔・表)

■うさぎ(体・裏)

■うさぎ(体・表)

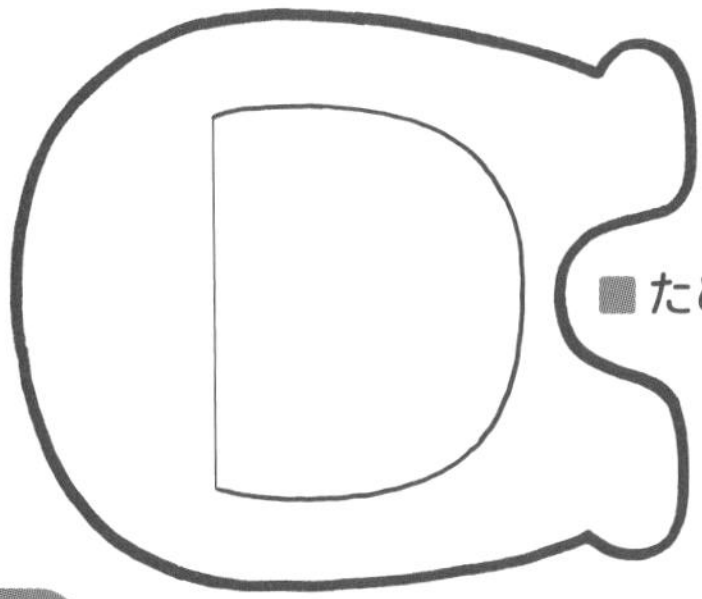

■たぬき(体・表)

■きつね（体・表）

■きつね（顔・表）

■たぬき（顔・裏）

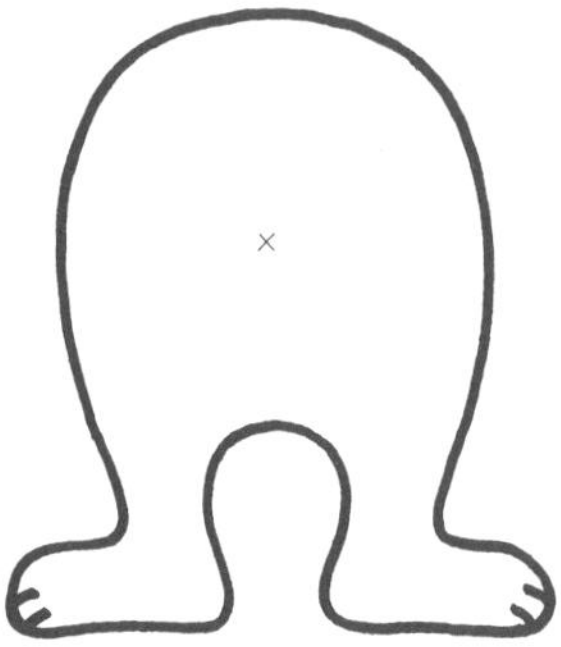

■きつね（体・裏）

■きつね（顔・裏）

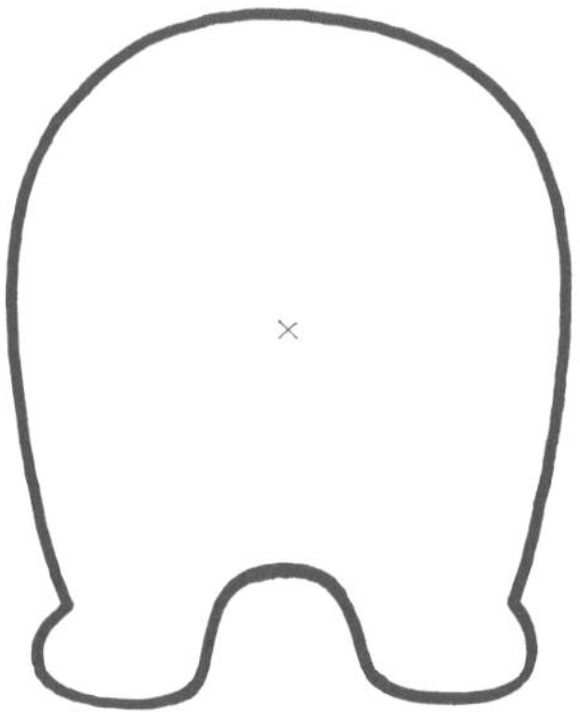

■たぬき（体・裏）

×=糸止め
＊両面色塗り。

■きつね（しっぽ）

■もぐら

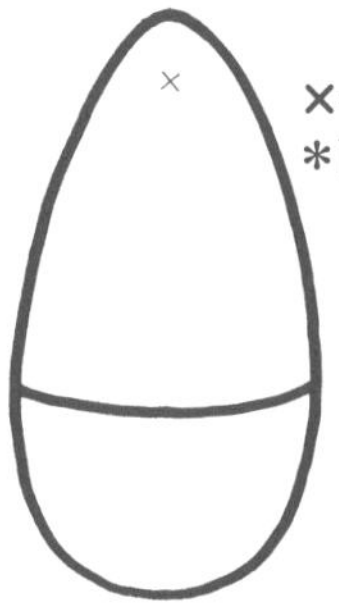

×=糸止め
＊両面色塗り。

■たぬき（しっぽ）

■夕焼けの山　＊うしろにポケットをつけ、［とんぼ］を隠す。

■とんぼ
（×7匹くらい）

＊［からす］は、自由に描いてください。

■ごはん

■おやつ

■おふろ

■ビリッ子のくま

＊［草むら］は、自由に描いてください。
［草むら］もネルの裏打ち。

■走るきつね

■走る男の子

■ふとんで眠る親子

■たぬき・うさぎ

19〜23ページ
にんげんっていいな

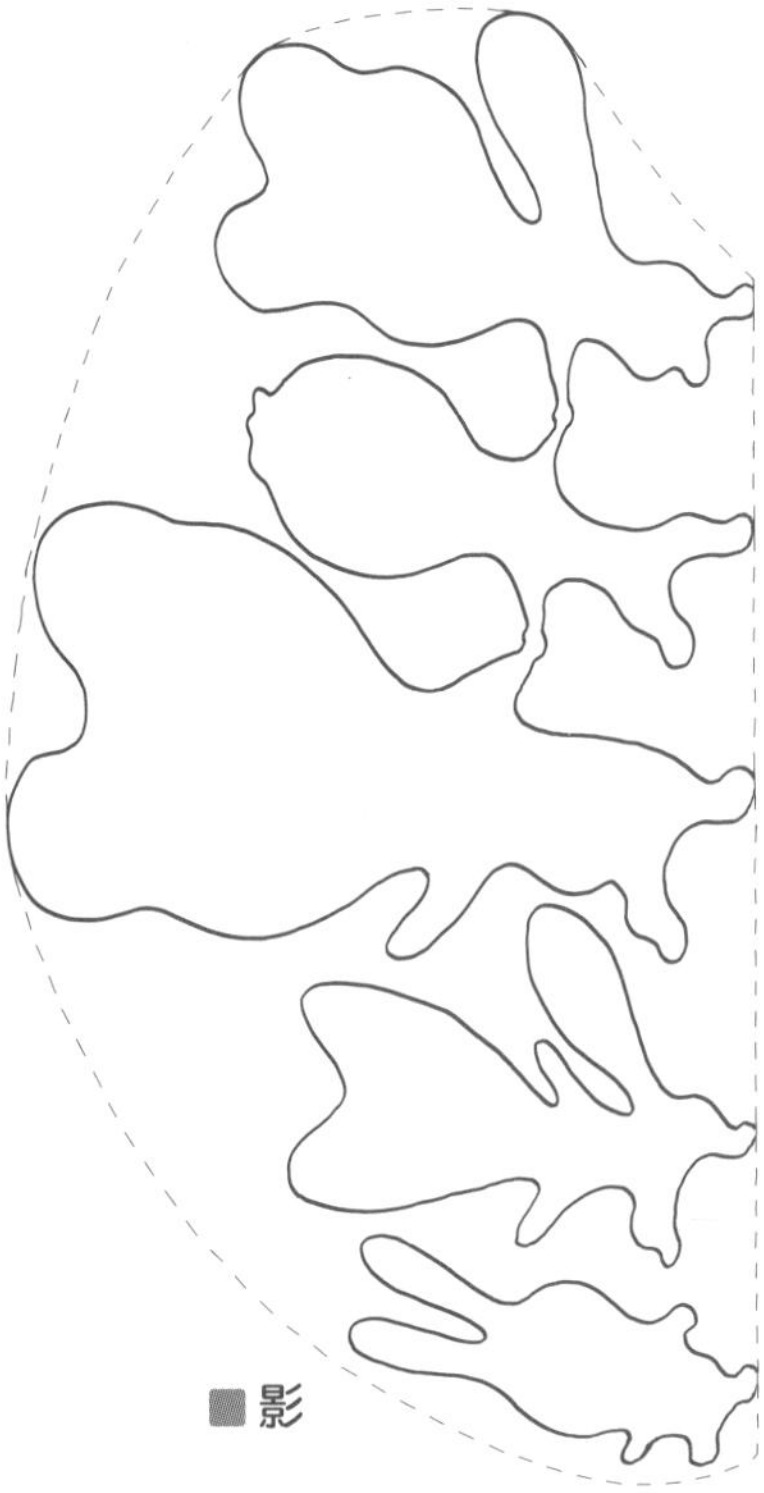

■影

■動物たちと男の子が帰る姿

■子どもを待つお母さん

24〜27ページ
サンタが町にやってくる

ブラックシアター

余白は黒く塗りつぶしましょう。

■家 1

■家 2

＊［星空］は、Pペーパー（黒）に、蛍光色のポスターカラーをつけ、Pペーパー（白）に蛍光色で描いた星を切り取って貼ります。

■音符

■家 3

＊音符はどちらかを2枚描いて全部で3枚描きましょう。

■木

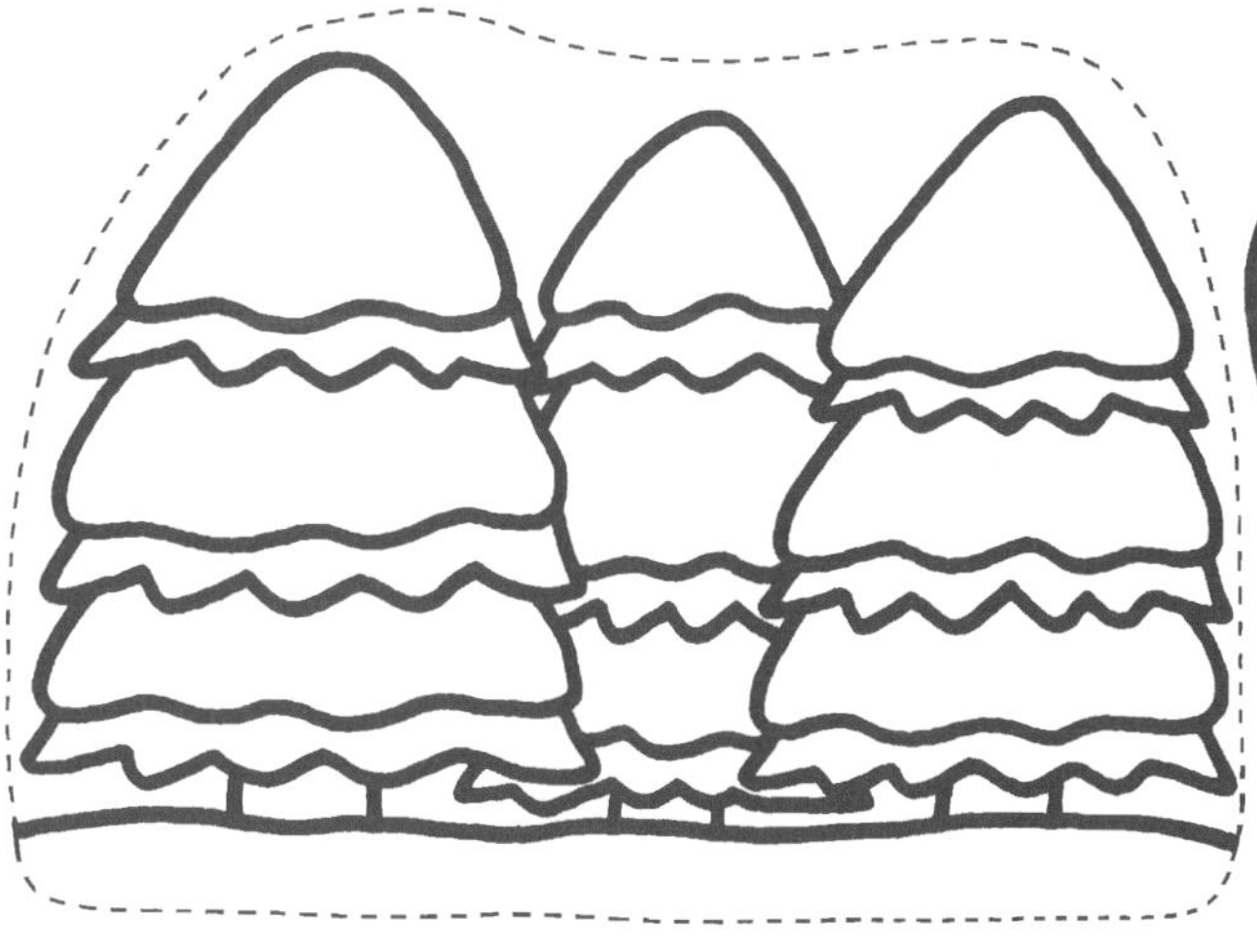

■女の子 1（表）

■女の子 1（裏）

＊表裏貼り合わせ。

■男の子と動物（表）

■女の子 2

■男の子と動物（裏）

＊表裏貼り合わせ。

■そりに乗ったサンタクロース

■プレゼント（女の子）

＊ネルの裏打ち。

■プレゼント
（男の子）

＊ネルの裏打ち。

■男の子

■うさぎ・くま

■サンタクロース

■クリスマスツリー

■街並み 1

■プレゼント（うさぎ）

＊ネルの裏打ち。

■街並み 2

■プレゼント（くま）

＊ネルの裏打ち。

■近づくサンタクロース（裏）

＜上＞

＜下＞

■近づくサンタクロース（表）

＜上＞

＜下＞

＊表裏貼り合わせ。
注意：＜上＞＜下＞の向きを
変えないように貼り合わせて
ください。

■街並み 3

■ツリー

■家3の窓枠（×2枚）

■家3の窓

＊［ツリー］のしかけの詳しい作り方は、27ページに載っています。

28〜29ページ

雪のこぼうず

■家（表）

＊表裏貼り合わせ。

■家（裏）

■池（表）

＊表裏貼り合わせ。

■池（裏）

■野原（裏）

■野原（表）　＊表裏貼り合わせ。

■雪のこぼうず 5

■雪のこぼうず 7

■雪のこぼうず 3

■雪の結晶 1

■雪の結晶 2

■雪の結晶 3

■雪の結晶 4

＊雪の結晶1〜4を使って、計7枚の雪の結晶を作ります。

■雪のこぼうず 6

■雪のこぼうず 2

■雪のこぼうず 4

■雪のこぼうず 1

＊［雪のこぼうず］に隠す
［雪の結晶］は、［雪のこぼうず］
と同じ色で着色します。

アップルパイひとつ

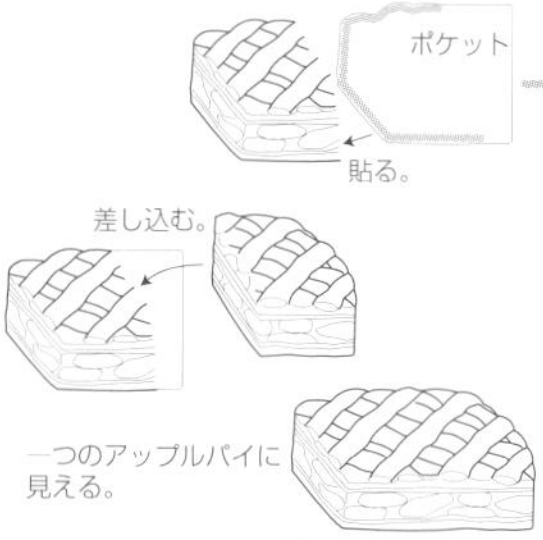
ポケット
のりづけ位置
貼る。
差し込む。
一つのアップルパイに
見える。

■アップルパイ

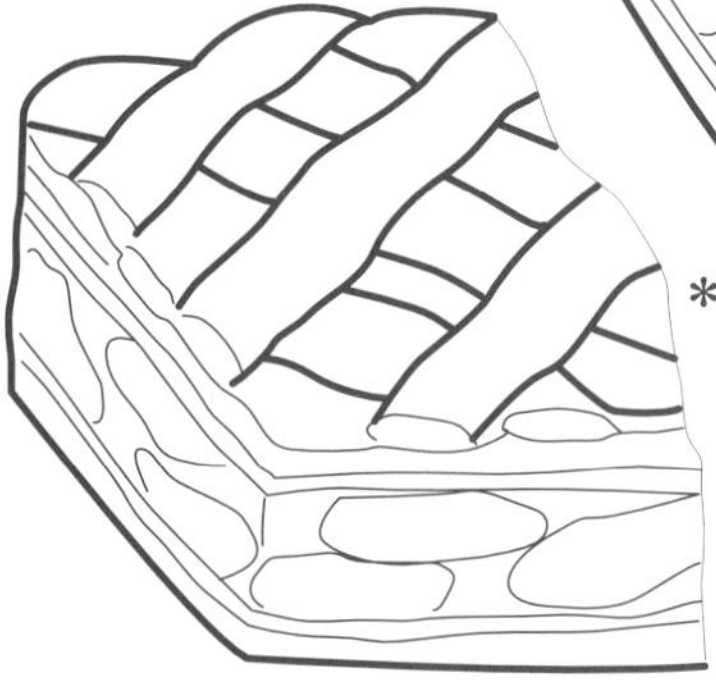

■時計

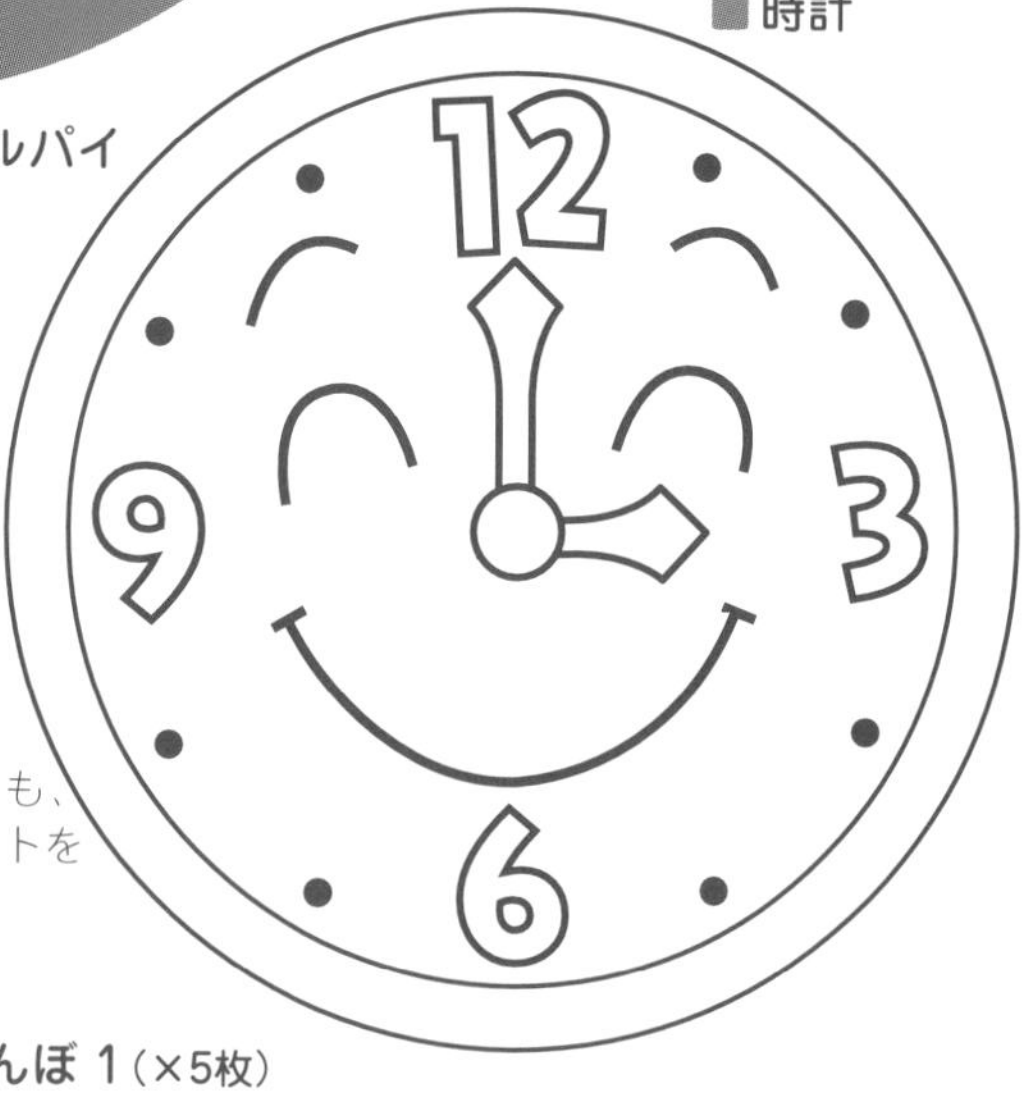
12
9
3
6

＊［チョコレート］［クリームパン］も、［アップルパイ］と同様にポケットを貼って作ります。

■さくらんぼ 1（×5枚）

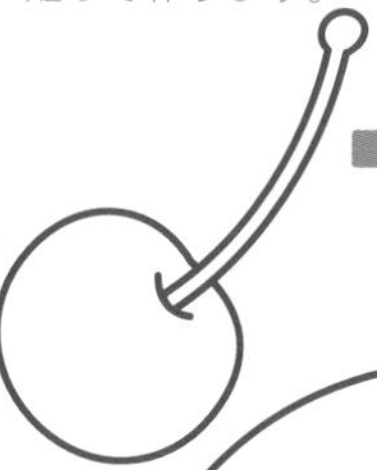

■女の子（体）

＊両面塗り。

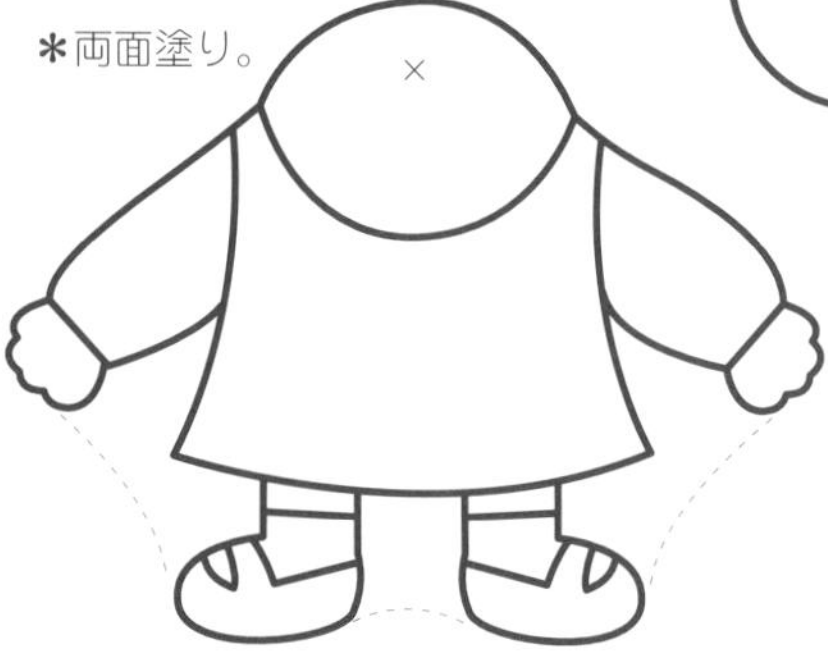

■男の子（顔・表）

■男の子（顔・裏）

■女の子（顔・裏）

■さくらんぼ 2（×5枚）

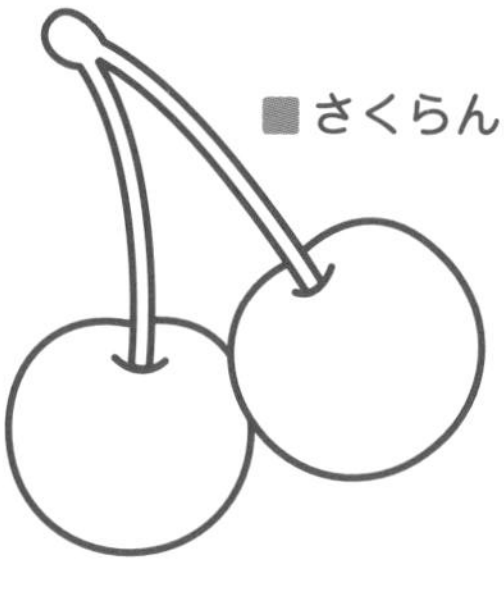

■男の子（体）

＊両面塗り。

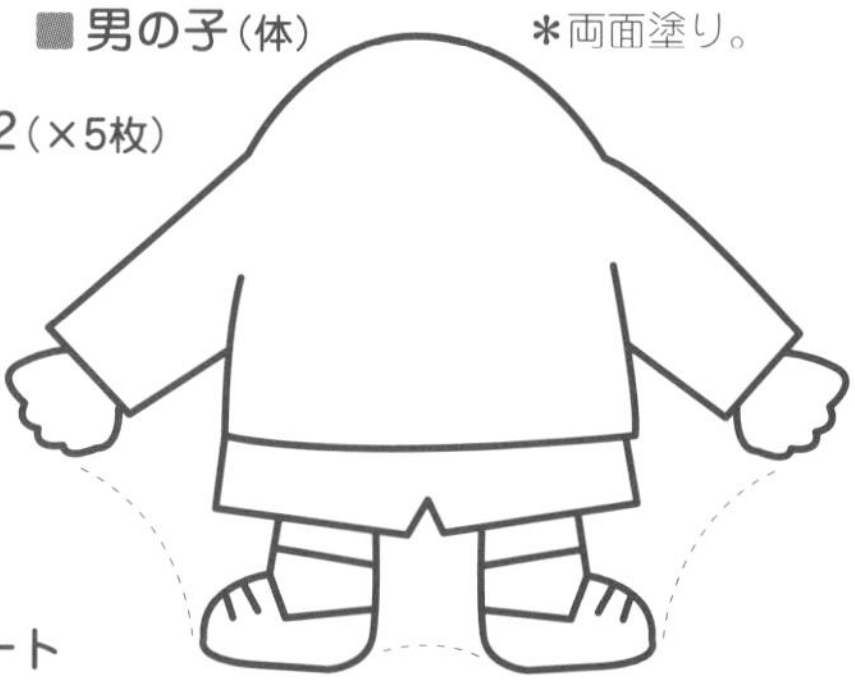

■女の子（顔・表）

■チョコレート

×=糸止め

30～33ページ
アップルパイひとつ

×=糸止め

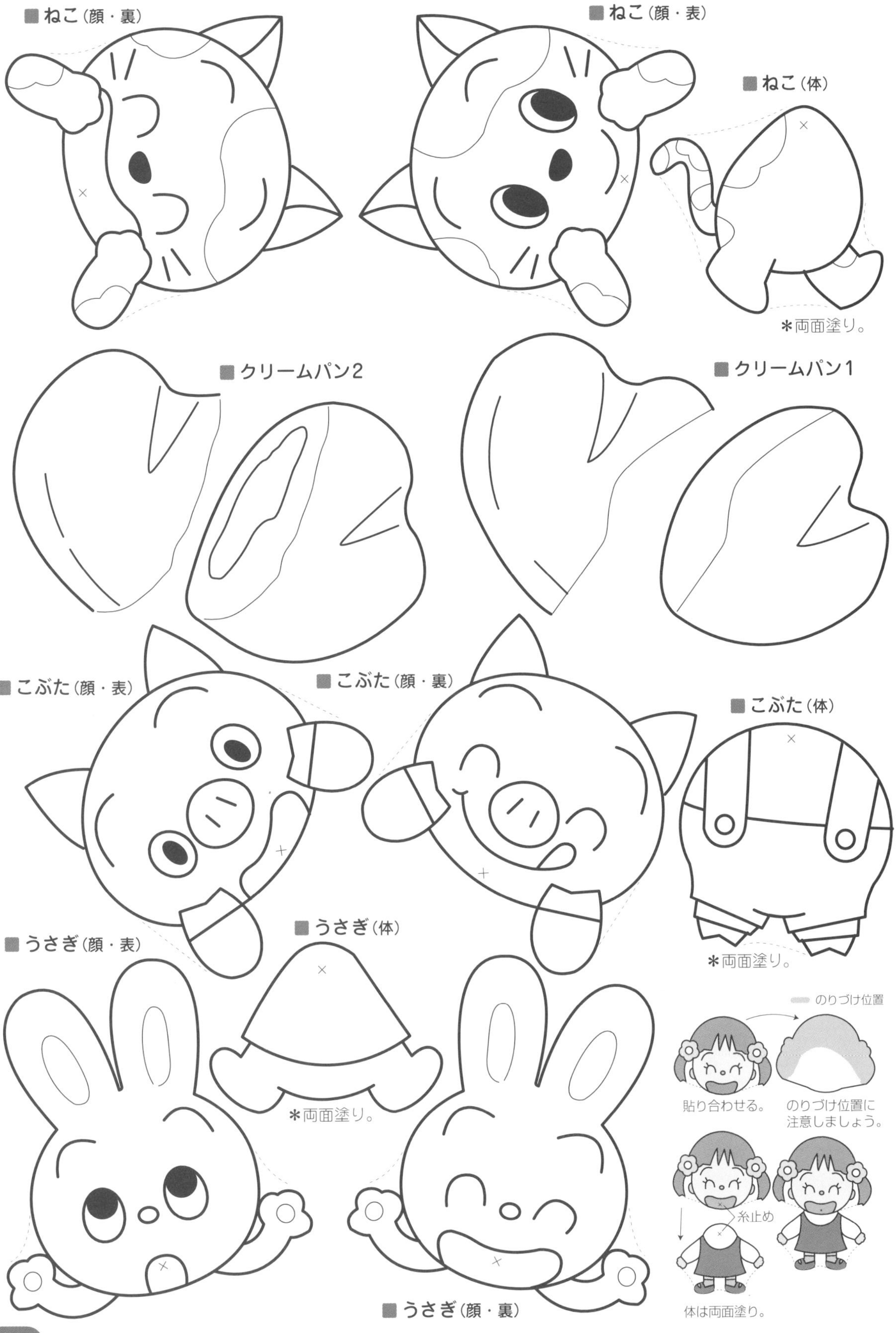
■ねこ（顔・裏）
■ねこ（顔・表）
■ねこ（体）
＊両面塗り。
■クリームパン2
■クリームパン1
■こぶた（顔・表）
■こぶた（顔・裏）
■こぶた（体）
＊両面塗り。
■うさぎ（顔・表）
■うさぎ（体）
＊両面塗り。
のりづけ位置
貼り合わせる。
のりづけ位置に
注意しましょう。
糸止め
体は両面塗り。
■うさぎ（顔・裏）

30～33ページ
アップルパイひとつ

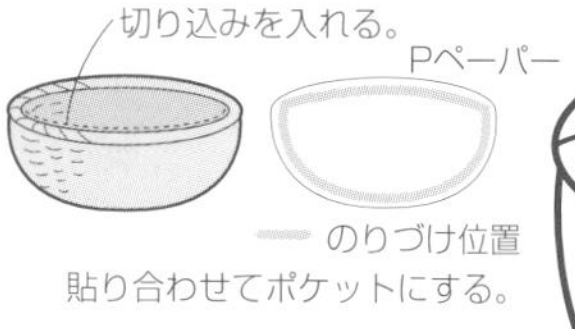

切り込みを入れる。
Pペーパー
のりづけ位置
貼り合わせてポケットにする。

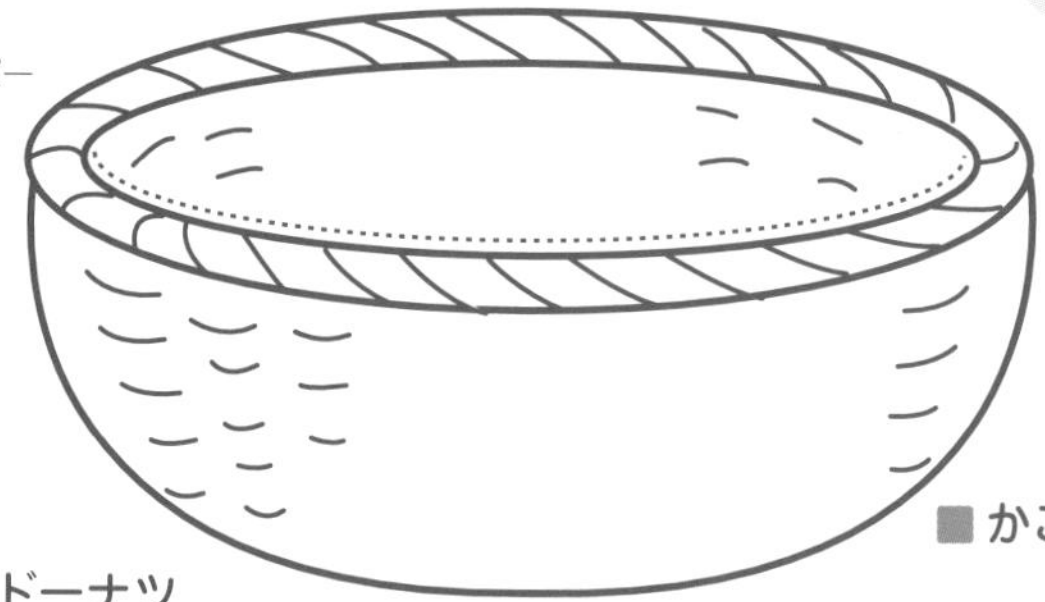
■かご

■りんご

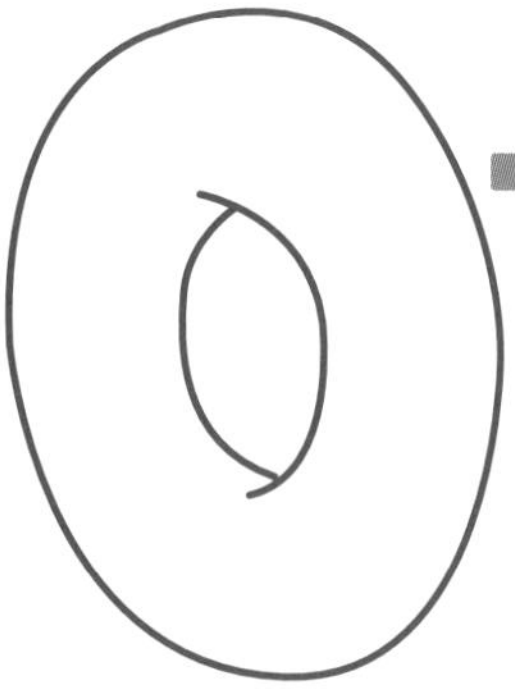
■ドーナツ

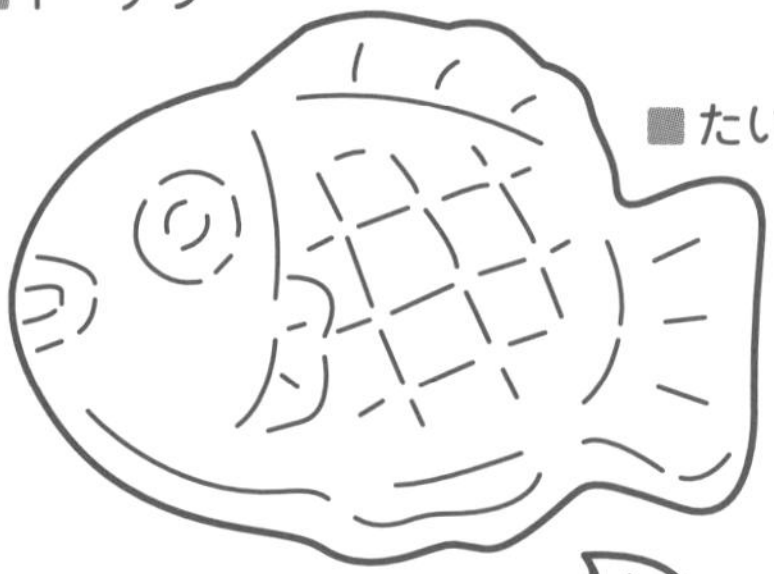
■たいやき

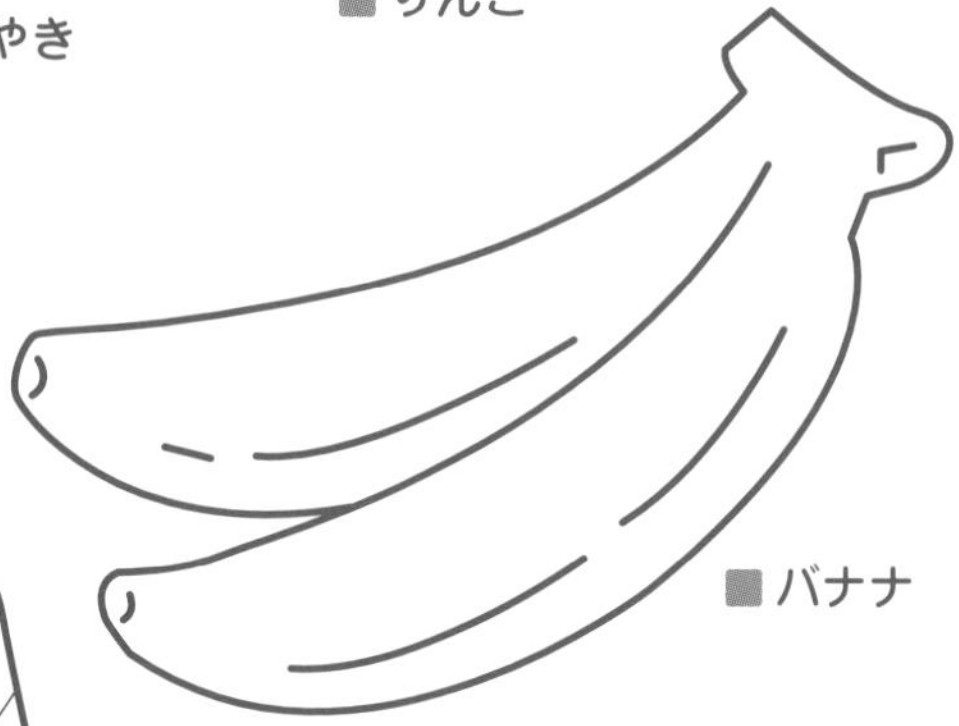
■バナナ

■クッキー

■プリン

34～37ページ
おもちゃのチャチャチャ

ブラックシアター

余白は黒く塗りつぶしましょう。

■鉛の兵隊 1

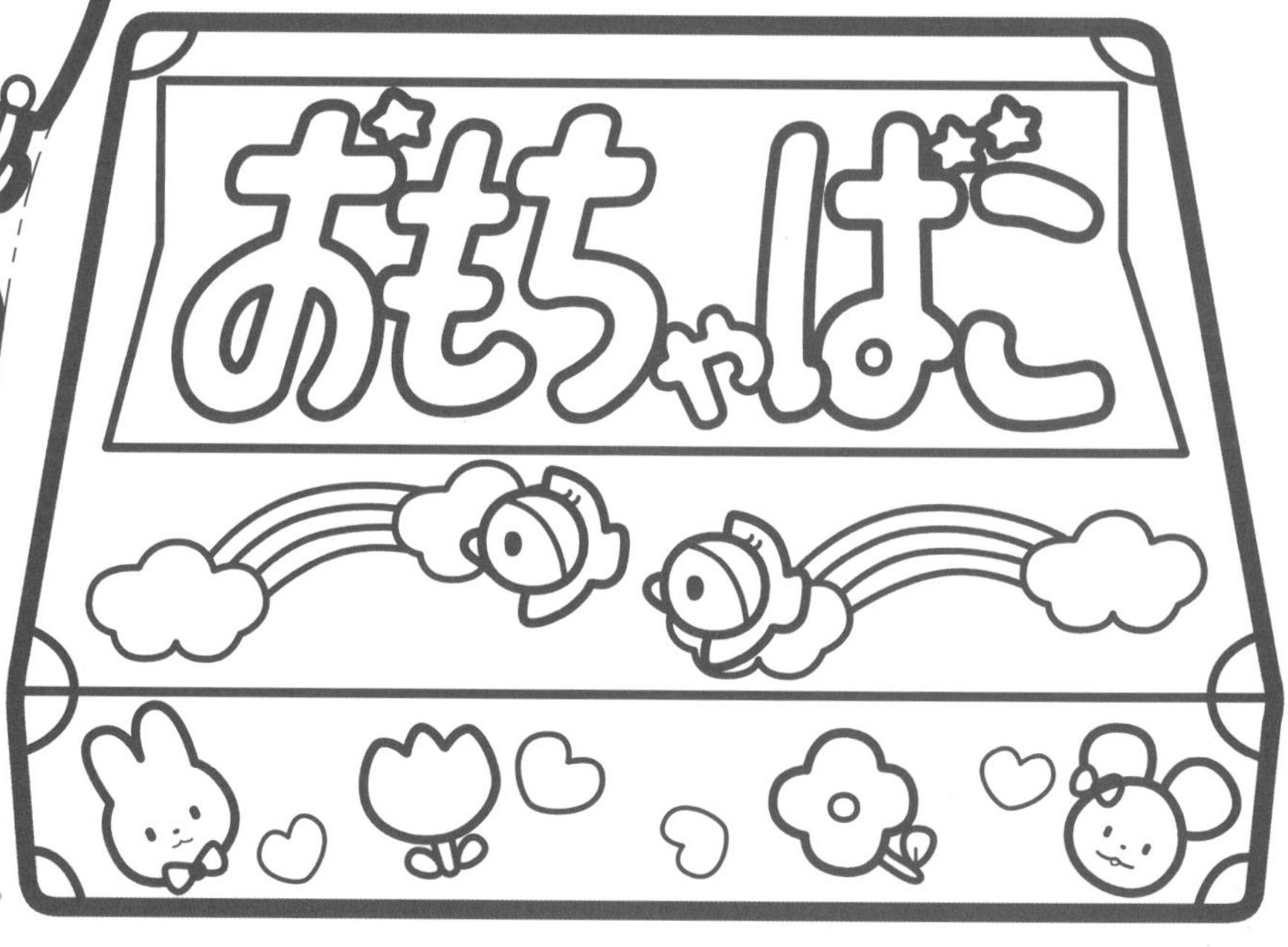

おもちゃばこ

■おもちゃ箱

＊ネルの裏打ち。

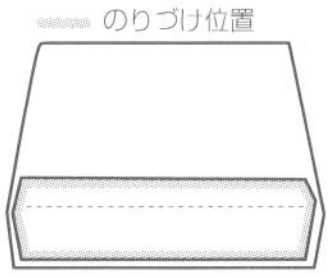

裏側に、ポケットになるようにPペーパーを貼る。

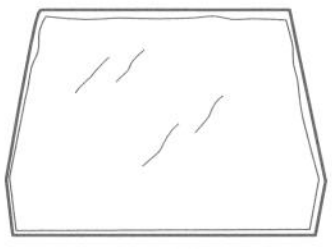

さらに、ネルの裏打ちをする。

■おもちゃの中箱　＊［おもちゃの中箱］、ネルの裏打ち＋ポケット。

■あひるの子
（×2枚）

■あひる

■車

■機関車

■星の窓

■朝の窓（［星の窓］と表裏貼り合わせ）

■男の子

■フランス人形

■鉛の兵隊 3

■鉛の兵隊 2

■さる（表）

＊表裏貼り合わせ。

■さる（裏）

■プレゼントの箱

■こひつじ

34～37ページ
おもちゃのチャチャチャ

■こぶた（顔・大）
＊表裏貼り合わせ。

■こぶた（顔・小）

■こねこ

■こぶた（体）

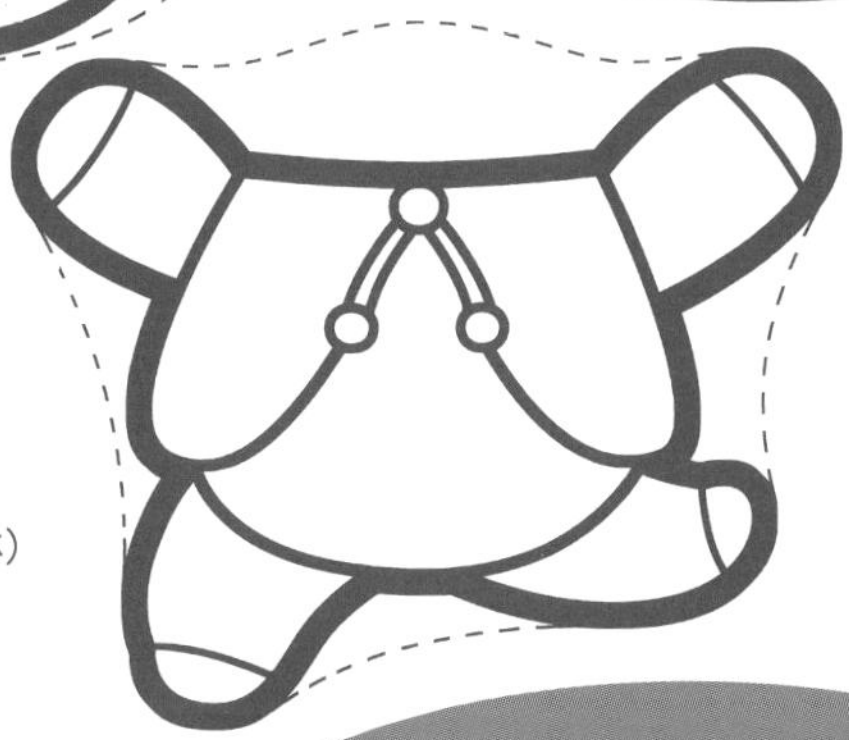

38～42ページ
ぼくのミックスジュース

■おひさま

■ミックスジュース 大

■ミックスジュース 小

■おはようさん

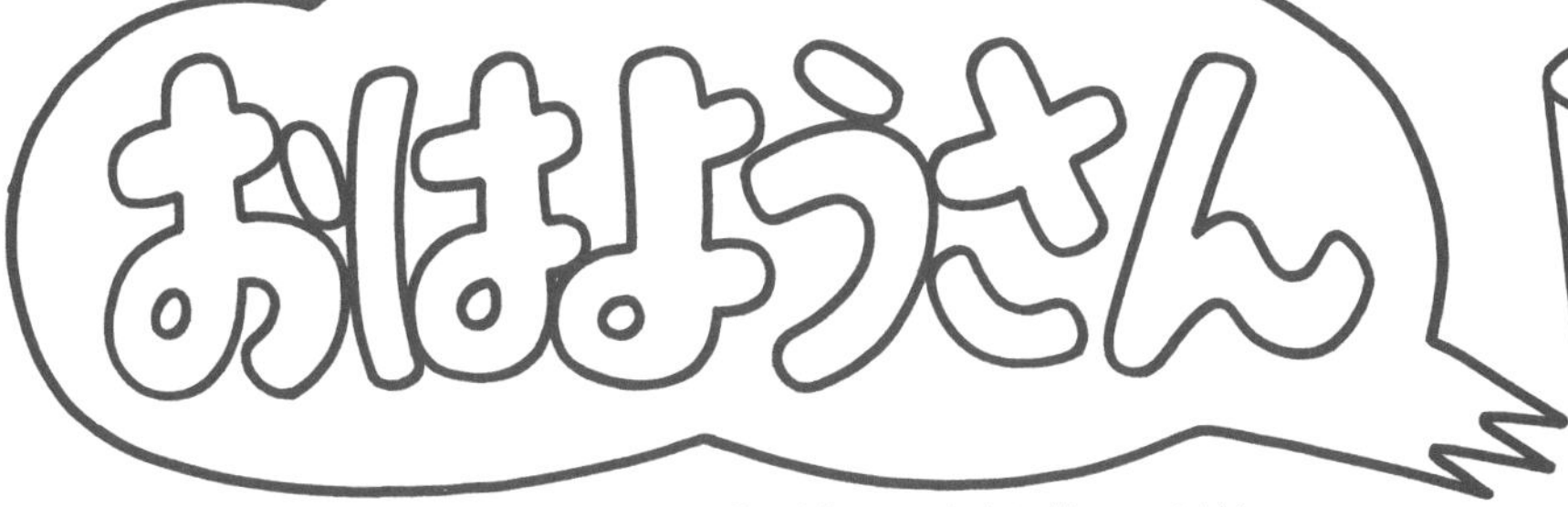

■ミックスジュース 中

＊［大空］は、自由に描いてください。

■けんか

■すりきず

■歌声

■怖い夢

■お話の絵

■おふろ

■朝の窓

■ガラス

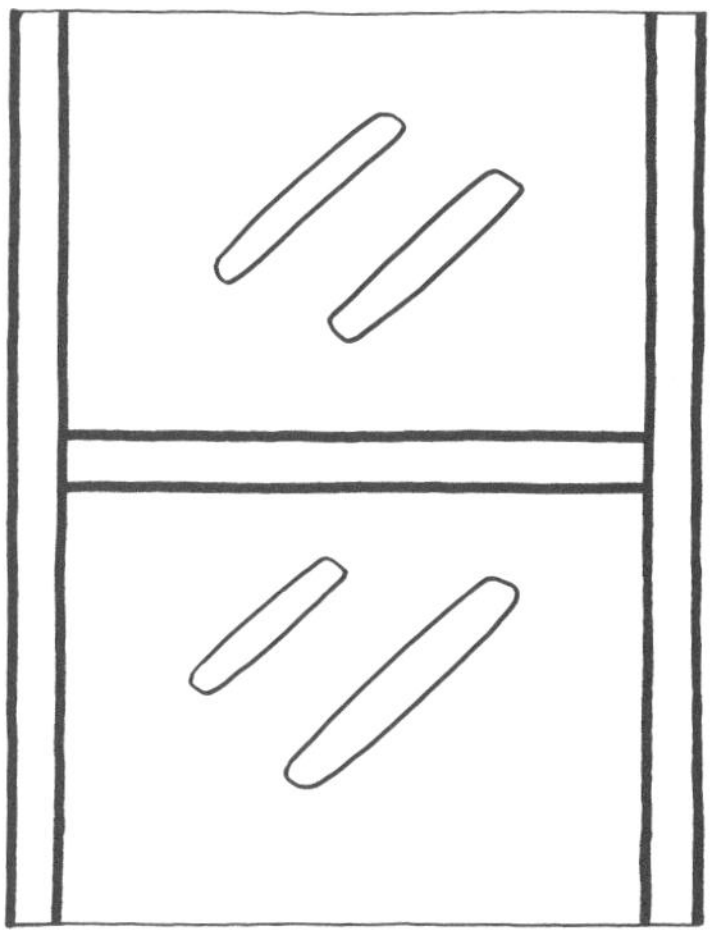

＊上半分のみのりづけ。

■ミキサーのふた

■ミキサー

■窓（昼と夜）

＊下半分のみのりづけ。

■窓枠（×2枚）

＊［窓］の作り方は、42ページを参考にしてください。

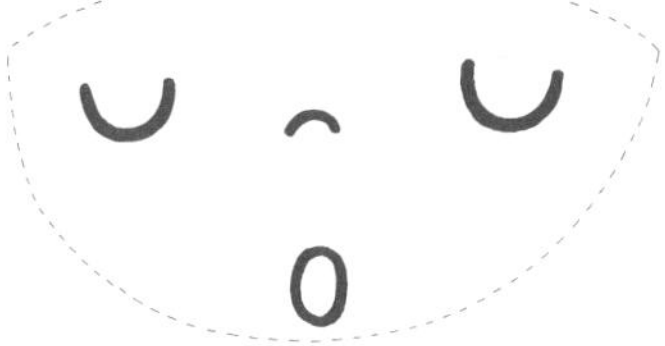

■眠った顔
＊ネルの裏打ち。

■ぼく（手）

■ぼく

✕=糸止め

■ふとん

■かけぶとん

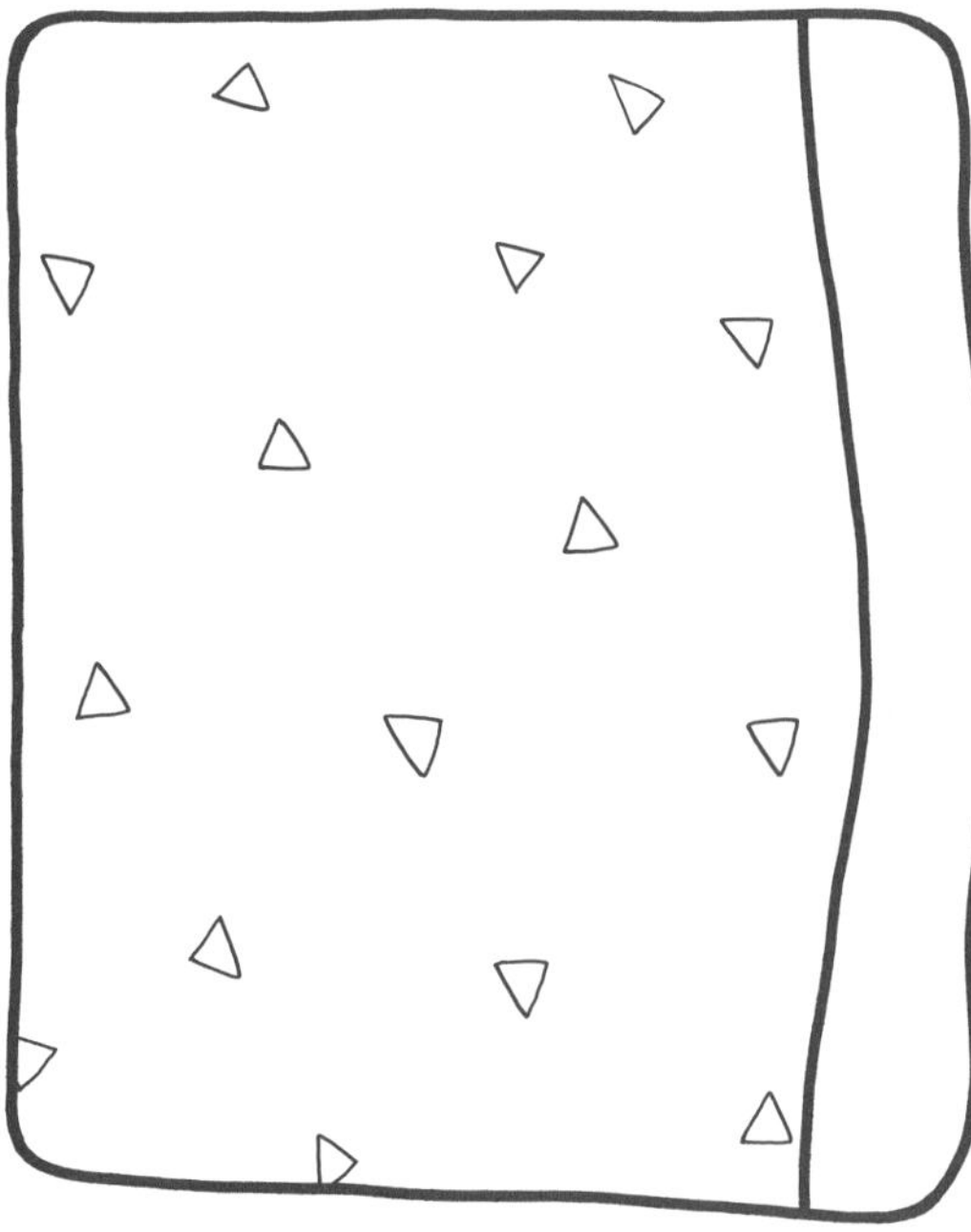

＊ネルの裏打ち。

■ジュースを飲む夢(表)

■ジュースを飲む夢(裏)

＊表裏貼り合わせ。

どんな色がすき

■小さくなったクレヨン

■クレヨン大（各色・計12枚作る）

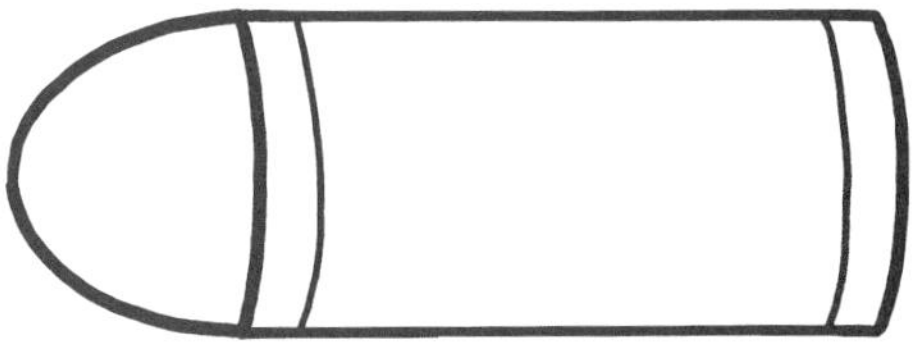

■クレヨン

■クレヨンの箱

＊［クレヨンの箱］の作り方は、43ページを参考にしてください。

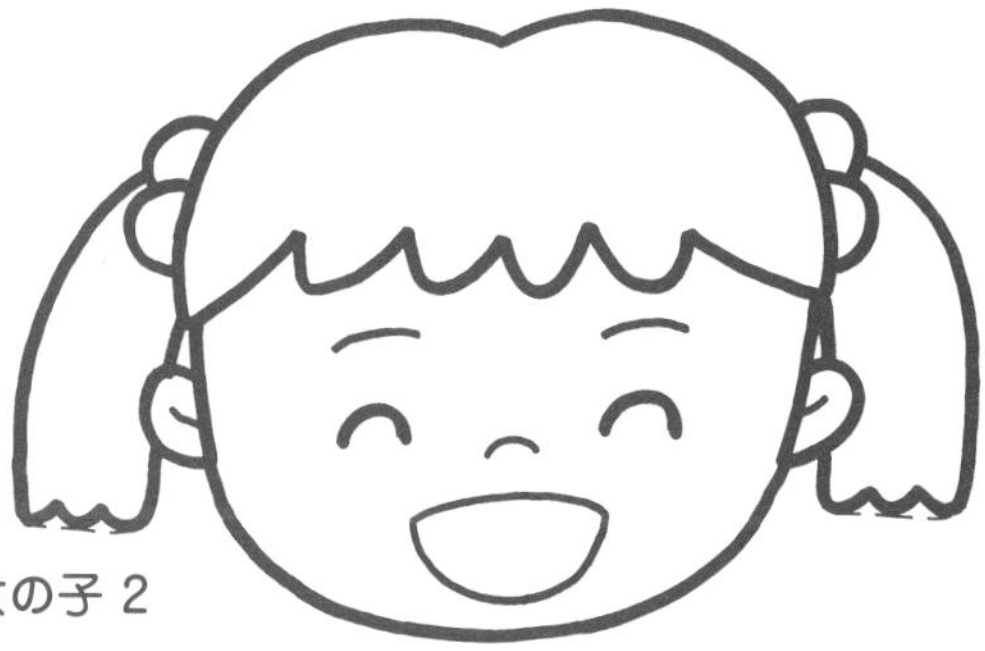

■女の子 2

■男の子 1

■チューリップ

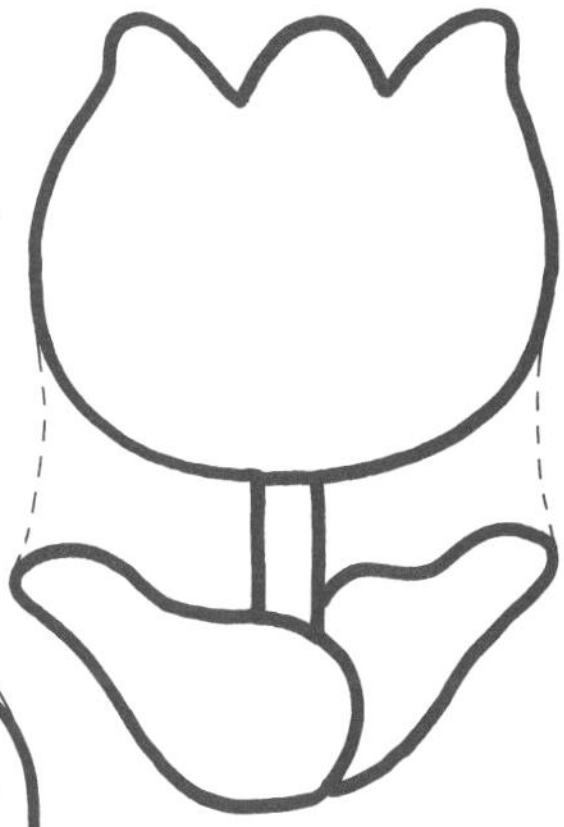

■いちご

■女の子 1

■りんご

■男の子 2

■きゅうり

■葉

■かえる

■魚

■飛行機

■車

■木

■花

■きりん

■バナナ

■ライオン

■いるか

■ひよこ

■月と星

■アイスクリーム

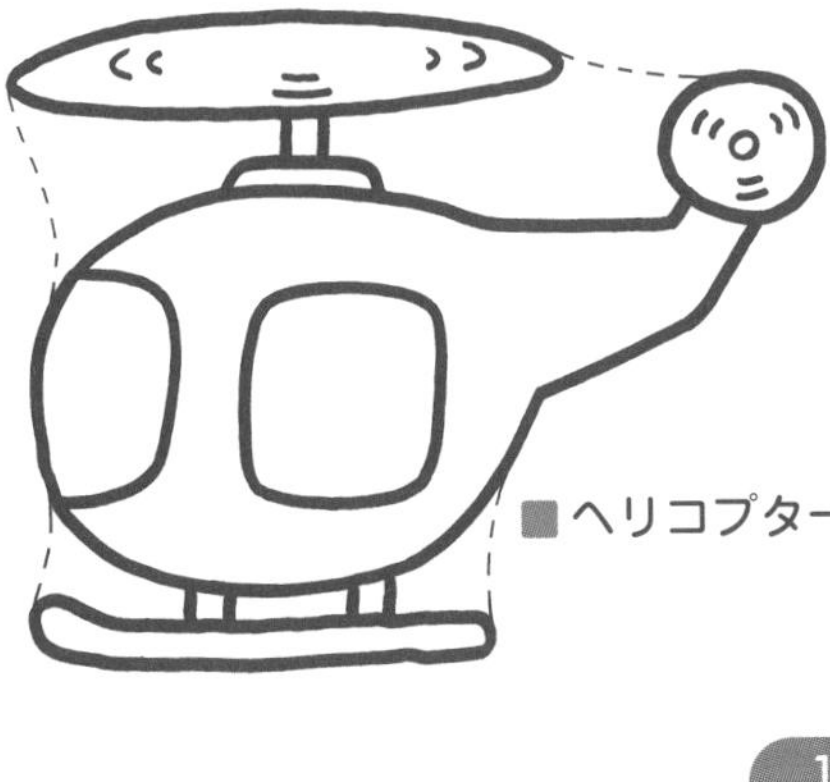
■ヘリコプター

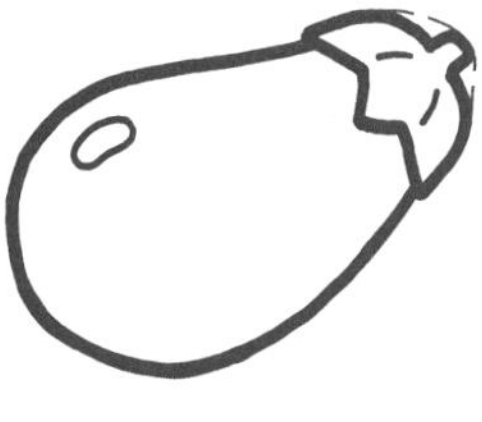
■なす

わらいごえっていいな

■ぼく 1（裏）

■ぼく1・2（表）（×2枚）

■お父さん

■ぼく 2（裏）

■お母さん

■お兄ちゃん

■弟

■お姉ちゃん

■うま

■いぬ

■花（×10枚）

■ぶた

■やぎ

■パンダ（表）

■パンダ（舌）

■おじいちゃん（母）

■パンダ（裏）

＊表裏貼り合わせ。

＊［パンダ］（舌）のしかけは、48ページを参考にしてください。

46〜49ページ
わらいごえっていいな

■ホ

■オホホホホ

■おばあちゃん（父）

■おじいちゃん（父）

■おばあちゃん（母）

50〜53ページ
どこでねるの

ブラックシアター

余白は黒く塗りつぶしましょう。

■鳥 1（表）

■虫 1（表）

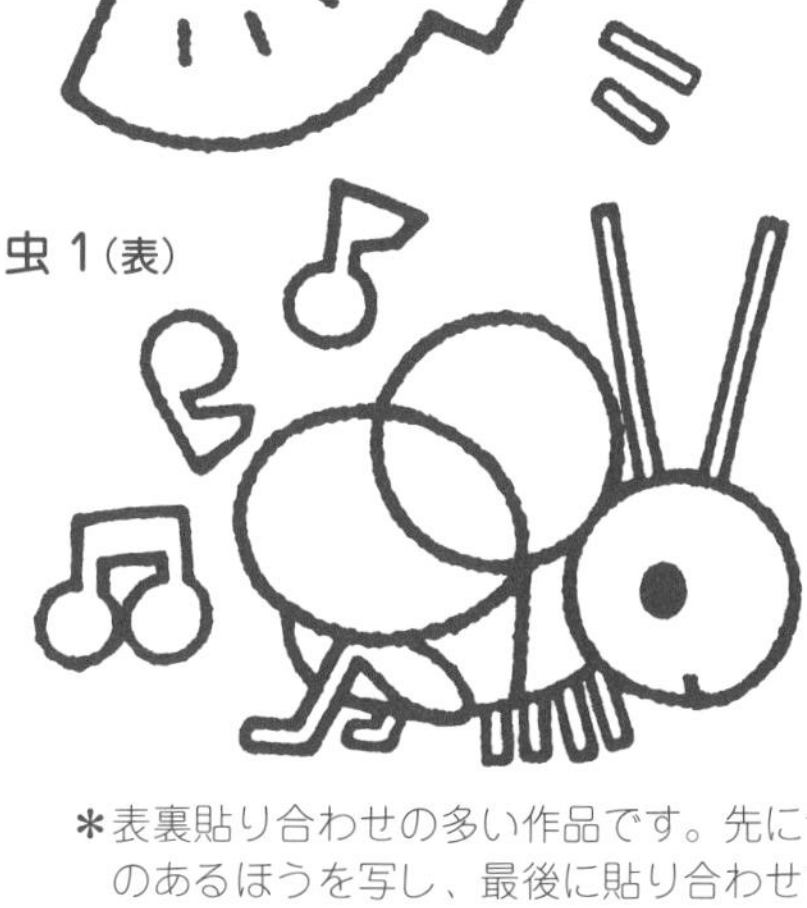

■ぞう（表）

＊表裏貼り合わせの多い作品です。先に切り取り線のあるほうを写し、最後に貼り合わせてから切るときに、余裕ができるように、だいたい大きさを合わせてもう一面を作りましょう。

■天使

■ぞう（裏）

■赤ちゃん（表）

■鳥 1（裏）

■赤ちゃん（裏）

■虫 1（裏）

■花（×12枚くらい）

■星（×12枚くらい）

■赤ちゃんを乗せたぞう

■魚 2（裏）

■魚 2（表）

■虫 2（表）

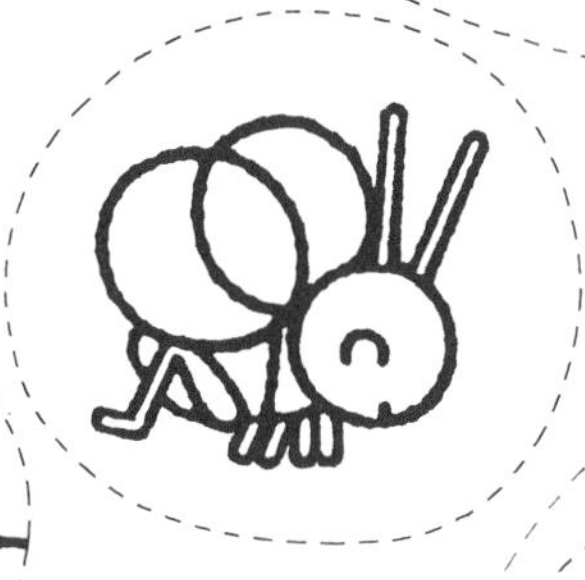

■月

■虫 2（裏）

■魚 1（表）

■鳥 2（表）

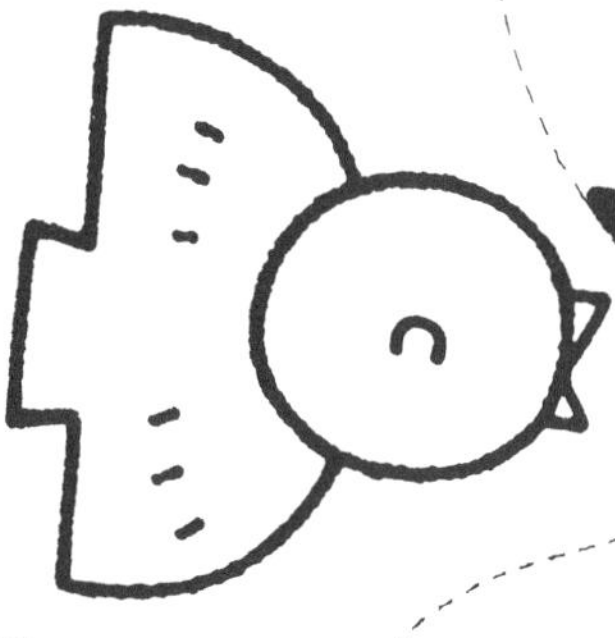

■魚 1（裏）

■鳥 2（裏）

4~7ページ

ハロー・マイフレンズ

及川 眠子／作詞　松本 俊明／作曲

1.あおいそらに ぽっかりしろいくも それだけでほーらステキなきぶん
2.うみのむこう ことばはちがっても おんなじじかんをすごしているよ
はなはさいて かぜはやさしいね ちきゅうはぼくらの たからもの
ひとりぼっちじゃ そうさかなしいね こころはかみさまの おくりもの
ハ
ロー マイ フレンズ ハ ロー マイ ワールド きょうはしらない キミとボクも ハ
ロー マイ フレンズ ハ ロー マイ ワールド あしたはきっと ともだちさ
Fine
もりもかわも とりもたいようも みんなみんなだいじなともだち ハ
D.S

8~10ページ

森のくまさん

馬場 祥弘／作詞　アメリカ曲

1.あるー ひ もりのなか くまさんに でーあった はなさく
の いうことにゃ おじょうさん おにげなさい スタコラ
が くまさんが あとから ついてくる トコトコ
ん おまちなさい ちょっーと おとしもの しーろい
さん ありがとう おれいに うたいましょう ラーララ
1.2.3.4.
5.
もりのみち くまさんに であった 2.くまさん ラ
サッサッサッのサ スタコラサッサッサッのサ 3.ところ
トコトコと トコトコトコトコと 4.おじょうさ
かいがらの ちいさなイヤリング 5.あらくま
ラララララ ラーラララララララ

11~13ページ

バナナのおやこ

関 和男／作詞　福田 和禾子／作曲

ちいさなちいさな みなみのしまに きいろいバナナの おやこがほらね かぜにゆられて ゆらゆら
バナナのおやこが ゆらゆら バナナのパパは パパバナナ バナナのママは
ママバナナ バナナのこどもは こバナナ パパバナナ ママバナナ こバナナ

そんなバナナ　にこにこバナナ　きいろいバナナの　おやこがほらね

パパバナナ　ママバナナ　こバナナ

14～15ページ　お星さま　都築 益世／作詞　團 伊玖磨／作曲

1.おほしさま　ぴかり　おはなし　してる　ちいさな　こえで
2.おほしさま　ぴかり　おでんわ　かけた　あのこに　このこ

かわいい　こえで　おはーなし　し　て　る
よいこは　どのこ　おでーんわ　か　け　た

16～18ページ　虫のこえ　文部省唱歌

1.あれまつむしが　ないている　チンチロ　チンチロ　チンチロリン
2.キリキリ　キリキリ　こおろぎや　ガチャガチャ　ガチャガチャ　くつわむし

あれすずむしも　なきだした　リンリン　リンリン　リーインリン
あとからうまおい　おいついて　チョンチョン　チョンチョン　スイッチョン

あきのよながを　なきとおす　ああおもしろい　むしのこえ

19～23ページ　にんげんっていいな　山口 あかり／作詞　小林 亜星／作曲

1.くまのこみていた　かくれんぼ　おしりをだしたこ　いっとうしょう
2.もぐらがみていた　うんどうかい　びりっこげんきだ　いっとうしょう

ゆうやけこやけで　またあした　またあした　いいな　いいな　にんげんって

いいな　1.おいしいおやつに　ほかほかごはん　こどものかえりを　まってるだろな
　　　　2.3.みんなでなかよく　ポチャポチャおふろ　あったかいふとんで　ねむるんだろな

SANTA CLAUS IS COMIN' TO TOWN

24～27ページ

サンタが町にやってくる

Words by Haven Gillespie／
Music by J.Fred Coots／
カンベ・タカオ／日本語詞　クーツ／作曲

28～29ページ

雪のこぼうず

村上寿子／作詞　外国曲

30～33ページ アップルパイひとつ

みやざき みえこ・黒田 亜樹／作詞・作曲

1.お や つ の じ か ん だ よ　ア ッ プ ル パ イ が ひ と つ
2.お や つ の じ か ん だ よ　ク リ ー ム パ ン が ふ た つ
ぼ く た ち み ん な で ふ た り　ま ん な か か ら　は ん ぶ ん こ　お
ぼ く た ち み ん な で よ に ん　そ れ ー ぞ れ　は ん ぶ ん こ　お
や つ の じ か ん だ よ　チ ョ コ レ ー ト が ひ と つ　ぼ く た ち み ん な で
や つ の じ か ん だ よ　さ く ら ん ぼ が み っ つ　ぼ く た ち み ん な で
1.
2.
さ ん に ん　や っ て み よ う　さ ん と う ぶ ん　む ず か し い ぞ　ご と う ぶ ん お　や つ の じ か
ご に ん
25
ん だ よ　お な か が　な っ て ま す　お　し ゃ べ り し な が ら　お や つ
31
に こ に こ が お が　お い し い よ　に こ に こ が お が　お い し い よ

34～37ページ おもちゃのチャチャチャ

野坂 昭如／作詞　吉岡 治／補作詞　越部 信義／作曲

お も ち ゃ の チ ャ チ ャ チ ャ　お も ち ゃ の チ ャ チ ャ チ ャ　チ ャ チ ャ チ ャ お も ち ゃ の　チ ャ チ ャ チ ャ
(2×.)
1.　そ ら に キ ラ キ ラ　お ほ し さ ま　み ん な す や す や　ね む る こ ろ
2. な ま り の へ い た い　ト テ チ テ タ　ラ ッ パ な ら し て　こ ん ば ん は
3.　き ょ う は お も ち ゃ の　お ま つ り だ　み ん な た の し く　う た い ま し ょ
4.　そ ら に さ よ な ら　お ほ し さ ま　ま ど に お ひ さ ま　こ ん に ち は
お も ち ゃ は は こ を　と び だ し て　お ど る お も ち ゃ の
フ ラ ン ス に ん ぎ ょ う　す て き で し ょ う　は な の ド レ ス で
こ ひ つ じ メ エ メ エ　こ ね こ は ニ ャ ー　こ ぶ た ブ ー ス カ
お も ち ゃ は か え る　お も ち ゃ ば こ　そ し て ね む る よ
チ ャ チ ャ チ ャ
1.
2.
お も ち ゃ の チ ャ チ ャ チ ャ　お も ち ゃ の チ ャ チ ャ チ ャ　チ ャ チ ャ チ ャ お も ち ゃ の　チ ャ チ ャ チ ャ　チ ャ　チ ャ　チ ャ

38～42 ページ

ぼくのミックスジュース

五味 太郎／作詞　渋谷 毅／作曲

♩=136 げんきよく
(ジャン ラララララ ジャン ラララララ ジャン ラララララ ジャン ジャン)
1.おはようさんの おおごえと キラキラキラの おひさまと
2.ともだちなかよし うたごえと スカッとはれた おおぞらと
3.あのねーそれでね の おはなしと ほんわかおふろの いいきもちと
それにゆうべの こわいゆめ みんなミキサーに ぶちこんで あさは
それにけんかの べそっかき みんなミキサーに ぶちこんで ひるは
それにひざこぞうの すりきずを みんなミキサーに ぶちこんで よるは
(マーチふうに)
ミックスジュース ミックスジュース ミックスジュース こいつをググッと
のみほせば
(2×.)
きょうはいいこと あるかもね
なんでもかんでも いいちょうし
あとはぐっすり ゆめのなか
Fine

43～45 ページ

どんな色がすき

坂田 修／作詞・作曲

1.どんないろがすき 「あか」 あかいいろがすき
2.どんないろがすき 「あお」 あおいいろがすき
3.どんないろがすき 「きいろ」 きいろいいろがすき
4.どんないろがすき 「みどり」 みどりいろがすき
(3×.)
いちばんさきに なくなるよ
1.2.
あかいクレヨン
あおいクレヨン
3.
きいろいクレヨンー
4.
みどりのクレヨンー
いろ いろ いろ いろ いろんないろがあるーー
いろ いろ いろ いろ いろんないろがある
どんないろがすき 「ぜんぶ」 ぜんぶのいろがすき
みんないっしょに

なくなるよ　ぜんぶのクレヨンー　ぜんぶのクレヨンー

46～49ページ　わらいごえっていいな

田山 雅充／作詞・作曲

わらいごえっていいなー　たのしそうでさ　なんだかー
1.2.
ウキウキー　うれしくなっちゃうよ
おとうさんが「ワッ ハッハッ」
いぬがわらう「ワン ワンワン」
おにいちゃんが「イッ ヒッヒッ」　おかあさんが「ウッ フッフッ」
うまがわらう「ヒヒ ヒヒーン」　ぶたがわらう「ブウ ブウブウ」
おねえちゃんがー　エッヘッヘッ　おとうともわらうー　オホホホホ
やぎがわらうー　メメエメエ　パンーダもわらうー　オホホホホ
3.
ホ「ん？」「うそーっ！」よ　うれしくなっちゃうよ
ホ「ん？」「うそーっ！」

50～53ページ　どこでねるの

奥田 継夫／作詞　乾 裕樹／作曲

(2×)
どこでねるのぞうさん　つちのうえ
どこでねるのとりさん　きのうえ
(2×)
どこでねるのむしさん　くさのうえ
どこでねるのさかなさん　みずのなか
どこでねるのあかちゃん　ふとんのなか

〈著者紹介〉

月下 和恵（つきした　かずえ）

実践女子短期大学卒業。一般企業に就職後、幼児教育を志し退職。保育学校にてパネルシアターの創案者・古宇田亮順先生に出会い、師事、幼稚園教諭となる。子どもたちと接する中で、多数の作品を制作し、発表している。短大・保育学校・各地での講習会でパネルシアターの指導をしている。代表作は「カレーライス」。淑徳文化専門学校講師。子どもの文化学校講師。日本基督教団志木教会付属泉幼稚園教諭。

主な著書

「シアターがいっぱい」共著　（メイト）

「不思議がいっぱい　パネルシアター」

カラーパネル　「しかけシリーズ」「保健活動シリーズ」（アイ企画）

「てづくりのパネルシアター」（東洋文化出版）他、多数

●編集
佐藤 綾子

●デザイン・DTP
株式会社S&P（野沢 清子　米澤 美枝　石神 由起子）

●モデル
青二プロダクション（大村 香奈子　笹田 貴之　田中 真知子　西野 陽子）

●パネルシアターイラスト
菊地 清美　木曽 健司　笹沼 香　田中 四郎
千金 美穂　毛利 洋子　わらべ きみか

●本文イラスト
大島 紀子　竹内 いつみ

●撮影
スタジオ・エッグ（竹中 博信）

●楽譜
From 30